AI赋能采购

写给采购人的AI使用手册

柳荣 ◎ 著

人民邮电出版社

北京

图书在版编目（CIP）数据

AI赋能采购：写给采购人的AI使用手册 / 柳荣著.
北京：人民邮电出版社，2025. -- ISBN 978-7-115
-67845-4

Ⅰ．F253-39

中国国家版本馆CIP数据核字第20255PM982号

内 容 提 要

　　做好采购，是众多采购人努力的目标，也是现代企业发展的重点。特别是在 AI 时代，如何使用 AI 工具更加高效、专业地做采购，更是亟需解决的问题。本书从采购的基础知识讲起，涵盖采购计划、供应商管理、采购品质管理、采购订单与交期管理等，系统讲解采购相关知识与技巧，全面传授 AI 工具在采购领域的应用，助力读者紧跟时代需求，提升专业能力，获得良好的个人能力发展和职业晋升。

◆ 著　　　　　柳　荣
　　责任编辑　李士振
　　责任印制　彭志环
◆ 人民邮电出版社出版发行　　北京市丰台区成寿寺路 11 号
　　邮编　100164　　电子邮件　315@ptpress.com.cn
　　网址　https://www.ptpress.com.cn
　　北京市艺辉印刷有限公司印刷
◆ 开本：880×1230　1/32
　　印张：6.25　　　　　　　2025 年 10 月第 1 版
　　字数：123 千字　　　　　2025 年 10 月北京第 1 次印刷

定价：59.80 元

读者服务热线：**(010)81055296**　印装质量热线：**(010)81055316**
反盗版热线：**(010)81055315**

AI 时代采购人的生存法则

在科技飞速发展的当下，人工智能（AI）正以前所未有的速度渗透到各个行业，不断改变着传统的工作模式和业务流程。采购作为企业运营的关键环节，也面临着 AI 带来的巨大冲击与挑战。在 AI 时代，如何顺应时代潮流，在激烈的竞争中找到生存和发展之道，成为采购人员关心的大问题，本书就是基于这样的需求而出现。

1. 数字化转型浪潮下的采购困局

面对数字化转型浪潮，传统采购模式显得力不从心，信息孤岛、流程烦琐等问题凸显。

（1）数据处理难度大。随着企业数字化转型的推进，采购过程中产生的数据量呈爆炸式增长。这些数据包括供应商信息、采购订单、库存数据、市场价格波动等。然而，传统的采购系统往往无法有效整合和处理这些海量数据，导致数据孤岛现象严重。

采购人员难以从大量的数据中快速提取有价值的信息,用于制定采购策略和决策。

（2）流程烦琐效率低。传统的采购流程通常包括需求申请、供应商筛选、询价、议价、合同签订、订单下达、物流跟踪、发票处理等多个环节,每个环节都需要人工参与,流程烦琐且耗时巨大。例如,在需求申请环节,采购人员需要与多个部门沟通,了解需求信息,然后进行汇总和整理;在供应商筛选环节,需要手动收集和分析供应商的资料;在议价过程中,需要与供应商进行多次沟通和协商,效率低下。此外,由于人为因素的影响,容易出现信息传递错误、流程延误等问题,导致采购周期延长,无法及时满足企业的生产和运营需求。

（3）市场变化应对乏力。在数字化时代,市场环境变得更加复杂和多变,客户需求个性化、多样化,市场竞争日益激烈,原材料价格波动频繁。传统的采购模式难以快速响应市场变化,采购人员往往只能根据历史数据和经验进行采购决策,缺乏对市场动态的实时监测和分析。当市场需求发生变化时,无法及时调整采购策略,导致库存积压或短缺,影响企业的生产和销售。

（4）战略价值难以体现。传统的采购职能主要集中在执行层面,如寻找供应商、下单、付款等,往往被视为企业的成本中心,而不是战略合作伙伴。采购人员缺乏对企业整体战略的了解和参与,无法从战略层面为企业提供有价值的建议和支持。随着企业数字化转型的深入,采购需要与企业的战略目标相结合,实现从成本控制到价值创造的转变。然而,目前许多企业的采购部门仍然处于被动执行的状态，无法充分发挥采购在供应链管理、供应商合作、成本优化等方面的战略作用。

2. AI 如何重构采购价值链

通过 AI 技术，采购人员能够高效整合海量数据，提升决策速度；采购人员还能实时监测市场动态，灵活应对变化，助力采购从成本中心转型为战略伙伴，与供应商形成价值链认同，推动企业整体发展。

（1）智能需求预测。AI 可以通过分析历史采购数据、销售数据、市场趋势数据、客户需求数据等多维度数据，运用机器学习算法，建立精准的需求预测模型。采购人员可以根据预测结果，提前制定采购计划，合理安排采购数量和时间，避免库存积压或短缺，提高库存管理效率。

（2）智能供应商管理。AI 可以对供应商的信息进行收集和分析，包括供应商的基本信息、产品质量、交货期、价格、信誉等，建立供应商评估模型，对供应商进行动态评估和分类管理。采购人员可以根据评估结果，选择优质的供应商进行合作，建立长期稳定的合作关系。同时，AI 还可以实时监测供应商的表现，及时发现供应商的问题（如供应商交货延迟、产品质量不合格等），并采取应对措施，确保供应链的稳定运行。

（3）智能采购执行。AI 可以实现采购流程的自动化和智能化，减少人工干预，提高采购效率。例如，在采购订单生成环节，AI 可以根据需求预测结果和供应商评估结果，自动生成采购订单，并发送给供应商；在物流跟踪环节，AI 可以实时跟踪物流信息，自动更新订单状态；在发票处理环节，AI 可以自动识别发票信息，进行发票校验和匹配，提高发票处理效率。此外，AI 还可以通过自然语言处理技术，与供应商进行智能沟通和协商，实现自动化议价和合同签订，提高采购执行的效率和准确性。

（4）智能决策支持。AI 可以为采购人员提供实时、准确的数据分析和决策支持，帮助采购人员制定更加科学合理的采购策略。通过分析采购数据、市场数据、供应商数据等，AI 可以识别出采购过程中的潜在问题，如成本节约空间、供应商风险等，并提供相应的解决方案和建议。采购人员可以根据 AI 的分析结果，及时调整采购策略，优化采购流程，提高采购的经济效益和战略价值。

3. 采购人员必须掌握的三大 AI 能力

基于以上的市场变化，采购人员需精通数据洞察、算法应用和智能协同三大 AI 能力，以精准把握市场脉搏，高效驱动采购决策，确保企业在激烈竞争中立于不败之地。

本书将通过对采购与供应链关键环节的深入剖析，结合丰富的图表和案例，系统讲解采购人员如何能够具备数据洞察、算法应用和智能协同三大 AI 能力。

本书从 AI 对采购的改变说起，详细阐述 AI 在采购计划、供应商管理、采购品质管理、采购订单与交期管理、采购运输与库存管理、采购合同管理、采购成本控制、采购谈判、采购合规与风险管理等方面的具体应用，帮助采购人员掌握利用 AI 优化流程、提升效率的实战技巧。

编者

目 录

第一章 AI 破局：传统采购的颠覆与重塑

第二章　AI 驱动的采购计划变革

第三章　供应商全生命周期 AI 管理

第四章 采购品质管理的 AI 变革

第五章 AI 驱动的订单与交期管理

第八章　AI 时代的采购成本控制

第九章　采购谈判的 AI 博弈

第十章　采购合规与风险的 AI 防线

AI 破局：传统采购的颠覆与重塑

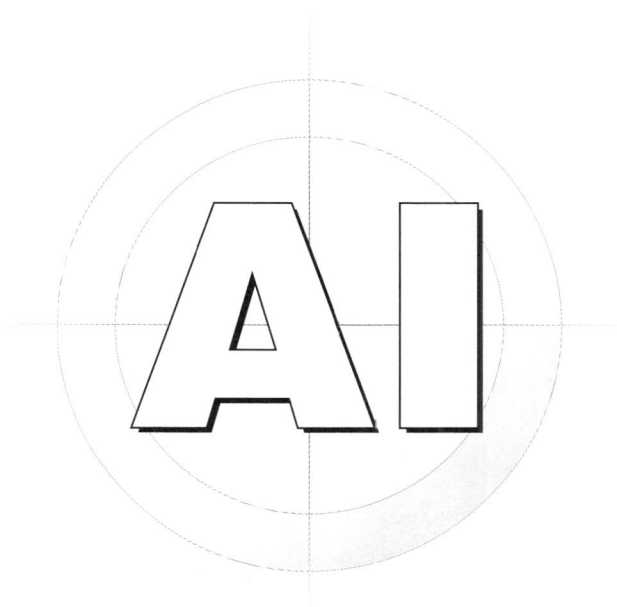

1.1 传统采购的痛点聚焦

传统采购模式中，信息不对称、流程烦琐、决策滞后等问题屡见不鲜。采购人员缺乏系统培训，仅凭经验应对复杂多变的市场环境，难以实现成本优化和效率提升。AI 技术的引入，正是打破这一僵局的关键。

1.1.1 人工比价效率低下 vs AI 秒级价格分析

在数字化时代，人工比价的低效与 AI 秒级价格分析的高效形成了鲜明对比。

人工比价，依赖采购人员手动登录多个平台，逐条录入商品关键词，筛选匹配结果后记录价格。例如，某企业采购非生产原料性质的工业用品（MRO）时，需在京东、1688 等 10 余家平台重复搜索，耗时长达数小时，而使用 AI 后，就能秒级完成价格分析。

（1）数据抓取：通过分布式爬虫技术，同时访问淘宝、京东等主流电商 API（Application Programming Interface，应用程序）接口，每秒可处理 10 万级商品链接。例如，某 AI 采购助手 1 分钟内可完成 10 款物资的全网搜索。

（2）语义解析：运用神经语言程序学（NLP）技术识别商品参数，如"100W 快充"可自动匹配不同品牌型号。

（3）智能核价：结合历史采购数据、市场价格波动模型，自动生成比价报告。某案例显示，AI 核价准确率达 98.6%，远超人工 85% 的水平。

具体效果我们可以进行对比，如表 1-1 所示。

表 1-1　人工比价和 AI 秒级价格分析对比

指标	人工比价	AI 秒级价格分析
处理效率	10 款商品 / 小时	1000 款商品 / 秒
价格覆盖率	3 ~ 5 个平台	10+ 主流平台 + 垂直网站
决策成本	30 分钟 / 单	3 秒 / 单
采购成本节省	5% ~ 8%	10% ~ 15%
错误率	15% ~ 20%	<1%

1.1.2　供应商管理靠经验 vs 数据驱动的智能决策

在企业供应链管理中，传统经验驱动的供应商管理模式与数据驱动的智能决策模式形成了显著分野。以下从评估维度、风险识别时效、决策依据、供应商分层效率、成本优化空间五个维度展开对比分析，如表 1-2 所示。

表 1-2　供应商管理靠经验 vs 数据驱动的智能决策对比

能力维度	经验驱动	数据驱动智能决策
评估维度	5 ~ 10 个基础指标（价格、质量、交付）	50+ 量化指标（含财务健康度、技术专利、ESG 表现）

续表

能力维度	经验驱动	数据驱动智能决策
风险识别时效	事后响应（问题发生后处理）	实时预警（如某供应商应收账款周转天数突增 30% 时自动触发风险提示）
决策依据	主观经验 + 局部数据	全链路数据 +AI 预测（如通过历史数据预测供应商未来 12 个月违约概率）
供应商分层效率	人工分级（耗时 2 ~ 3 周 / 次）	自动分层（基于 K-means 聚类，1 小时生成战略 / 核心 / 普通供应商清单）
成本优化空间	依赖谈判经验（成本降幅 5% ~ 8%）	算法寻源 + 动态议价（某电子企业通过智能决策，采购成本降低 15%）

可以看到，未来的供应商管理，必然是"人类经验的战略深度"与"数据智能的执行精度"相结合的混合模式，二者协同方能实现供应链韧性与效率的双重提升。

1.1.3　合同风险难把控 vs 智能合约自动预警

在合同管理领域，传统人工审查导致的"合同风险难把控"与基于区块链和 AI 技术的"智能合约自动预警"形成了颠覆性对比。表 1-3 所示是合同风险难把控和智能合约自动预警的对比。

表 1-3　合同风险难把控和智能合约自动预警的对比

能力维度	人工审查模式	智能合约自动预警
风险识别速度	单份合同审查需 2 ~ 4 小时	秒级完成全条款解析与风险扫描
条款覆盖深度	依赖审查者经验（平均覆盖 60% 条款）	100% 条款自动化解析，支持 50+ 风险维度（合规、财务、履约、知识产权）
动态监控能力	事后纠纷处理（违约发生后介入）	实时监控（如履约节点超前 3 天预警、对方企业涉诉信息实时同步）

能力维度	人工审查模式	智能合约自动预警
合规适配性	人工对照法规（易遗漏更新条款）	自动同步最新法规（如 2023 年《生成式 AI 服务管理暂行办法》生效后，系统 72 小时内更新相关条款检查规则）
执行效率	合同签署周期 1~2 周	标准化合同自动生成+签署（耗时＜1 小时），复杂合同审查效率提升 70%

1.2 采购基础

如果企业一味地"只看结果，不重过程"，其采购管理就必然停留在采购价格管理上，采购过程中产生的诸多费用因此被忽视，企业采购也终将败在价格上。采购是过程，而非结果。采购成本是企业成本的重要构成，如果企业不能正确理解采购、无法构建专业采购模式，采购成本就将成为企业运营中的"吞金兽"。

俗话说："采购好商品，等于卖出一半。"采购是当今企业构建竞争优势的重要工具，但很多企业却只将采购看作单纯的买卖行为，缺乏对采购的深入了解及专业管理，因而遭受损失。

采购不只是买卖所需资源，更是一项完整的经济活动。具体而言，采购是指企业在一定条件下从供应市场获取经营资源（产品或服务），以维持企业正常生产与经济的一项经济活动。

为了进一步理解什么是采购，我们可以从以下 3 个层面来理解采购的定义。

1. 采购是从供应市场获取资源的过程

任何企业在正常生产与经营的过程中，都需要从外部获取一定资源，如原材料、半成品或物流、技术服务等。能够提供这些资源的供应商则共同构成一个供应市场，企业从供应市场获取相应资源的过程就是采购，这也是采购可以实现的基本功能。

2. 采购既是商流过程，也是物流过程

采购的基本作用就是将企业所需资源从供应市场转移至企业。在这个过程中，采购既是商流过程，需要通过商品交易完成商品所有权的转移；又是一个物流实现，需要通过包装、运输、仓储、装卸等环节实现商品实物的空间转移。

3. 采购是一项完整的经济活动

采购并不只是买卖企业所需资源，更是一项完整的经济活动。一方面，企业需要通过采购获取资源，以保证企业的正常生产与经营；另一方面，采购本身作为一项经营活动，会产生各种费用，产生采购成本。因此，对采购的管理，就不能仅仅停留在采购价格上，更应关注采购的整体流程。

1.2.1 采购常见的模式

只有在深入理解采购基础知识之后，企业才能正确选择合适的采购模式。因此，企业要对自身有更加深入的认知，从采购组织、采购思维、采购操守与采购绩效 4 个维度出发，构建 OTEP 模型，并借助协同采购、集成采购、响应采购、反应采购等常见的采购方式，科学地指导企业的采购实践。

1. OTEP 模型下的采购类型选择

采购团队缺乏系统技能是一个巨大的障碍。笔者曾对 31 家企业（其中包括 25 家制造型企业、3 家全球性贸易型、3 家服务型企业）进行现场调查与团队调查，并为其建立采购与供应链管理 OTEP 模型。

所谓 OTEP 模型，是采购组织（Procurement Organization）、采 购 思 维（Procurement Thinking）、 采 购 操 守（Procurement Ethics）与采购绩效（Procurement Performance）4 个维度的简称，如图 1–1 所示。企业可以通过搭建 OTEP 模型，形成优秀、卓越的采购矩阵运营体系。

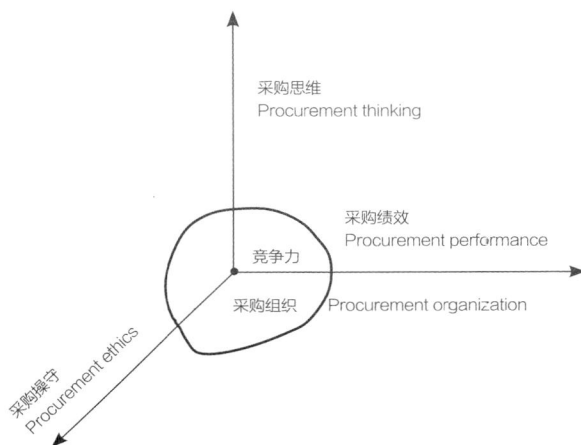

采购思维
Procurement thinking

采购绩效
Procurement performance

竞争力

采购组织　Procurement organization

采购操守
Procurement ethics

图 1–1　OTEP 模型

综合对 4 个维度进行对比，结果如表 1-4 所示。

表 1-4　OTEP 模型的 4 个维度比较

OTEP 模型维度	俗解	简称	团队构建
采购组织（Procurement organization）	组织化	有体系	有德有才，破格重用； 有德无才，培养使用； 无德有才，限制使用； 无德无才，坚决不用
采购思维（Procurement thinking）	有想法	有才	
采购操守（Procurement ethics）	职业化	有德	
采购绩效（Procurement performance）	有办法	有才	

从采购组织与流程体系设计到德才兼备的人才团队构建，所涉及的所有绩效与技能，都是基于企业战略层面的当前竞争与长期可持续发展的需要，通过内部系列化设计与优化，汇总企业资源，支撑企业的最终战略。

具体而言，OTEP 模型下的采购类型选择，主要需遵循 5 个目标原则。

（1）确保供应交付。收集市场资讯，掌握市场的需求及未来的趋势，从供应商处获取最有利的供货条件（包括质量、包装、品牌、折扣、价格、进货奖励、广告赞助、促销办法、订货办法、订货数量、交货期限及送货地点等），以达到公司采购要求的采购标准，实现供应与交付的目标。

（2）总成本最低。战略采购的核心内涵就是以最低总成本建立服务供给渠道。它注重的是最低总成本，而非单一最低采购价格。在低价格的背后，往往是更高的总成本，但这很容易被企业忽视。例如，笔者看到某些企业为了防止所谓的"腐败风险"，成立专门审价的"审计部"，最后审计部只能脱离企业采购的实际情况，一味追求低价采购，使得采购人员花大量时间寻找审计部需要的低价"证明"。这样一来，采购人员的专业性被否定，采购团队的价值归属感降低。

成本战略采购循环涉及供应商、采购部门、生产研发部门，甚至售后部门等多个部门，因此，企业必须遵循总成本最低的原则，对整个采购流程中涉及的关键成本和其他相关成本进行管控，不能一味追求采购价格最低。

（3）建立共赢关系。不同的企业，适用不同的采购方法。有的企业注重与供应商建立良好的合作关系，有的企业倾向于竞争性定价，有的企业则认可采购外包……但无论如何，采购并非零和博弈的过程，而是商业协商的过程。

如果执着于利用采购杠杆逼迫供应商妥协，企业也绝不可能成为受益者。因此，企业要遵循建立共赢关系的原则，基于对原材料市场的充分了解和企业自身战略，实现所有利益相关方的共赢。

笔者曾在帮助某企业做成本改善项目时，通过该企业与供应商构建良好的共赢关系，实现采购数据、工艺计划、模具安排、研发改进和品质优化的协调统一。不到3个月，在供应商的准时交付率提升至98%的同时，该企业的采购总成本下降了11.5%。

（4）完善采购能力。采购不只是交易行为，因此，战略采购所需的能力也不只是询价和谈判的能力。理想的采购能力涵盖三大方面：采购精神、采购绩效、采购职业化。这三大方面又可细分为六大能力：采购逻辑、采购战略能力、供应商整合与关系管理能力、品质管控与计划能力、成本建模与管控能力、商务协同与谈判能力。采购能力如图 1-2 所示。

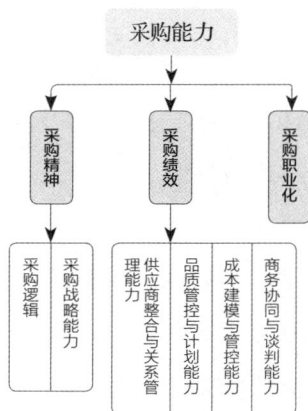

图 1-2 采购能力

很少有企业能够同时拥有以上六大能力，但企业仍然应该不断完善自身的采购能力，并争取优化其中 3 个方面的能力，即成本建模与管控能力，为建立战略采购循环奠定基础；采购战略能力，推动采购由战术性行为转变为战略性行为；供应商整合与关系管理能力，确保实现利益相关方的共赢。

（5）制衡与合作。供应链是动态的。采购方与供应商之间虽非零和博弈，但也存在相互比较、相互选择的现象，双方都具有议价的权利。如果采购方（企业）对供应商的业务战略、运营模式、竞争优势等信息有充分的了解和认识，就有利于企业发现机会，在共赢合作中找到平衡。

即使选择单一供应商，企业也应当遵循制衡与合作的原则，持续关注自身所在行业及相关行业的发展，考虑如何借助与供应商的深入甚至先期合作，来降低成本、增强竞争力。

2. 协同采购方式

协同采购方式适用于产品数量多、种类也多的企业，此类企业的供应链需要一个庞大的团队来管理，并对产品的质量、交期、服务、成本等要素进行管控。

由于涉及的产品线丰富，管理成本高且效果不尽如人意，很多企业会将品类有共性的产品汇聚起来，交由各个渠道商管理，以节约成本、提高效率。例如，沃尔玛的采购品种多、数量也大，往往会委托渠道商采购。

在新零售模式下，功能性产品被不断细分。成本最低不再是此类供应链的目标，但高效率仍然是；可计划性随着大数据应用的不断深入而提高，按库存生产逐渐转变为按需求生产或按订单生产。基于上述变化，渠道供应链开始向精益供应链转变。

3. 集成采购方式

集成采购方式适用于产品数量多、种类少的企业，如丰田汽车公司等，这种市场通常竞争比较激烈，最后只能以拼价格的方式决定胜负。这种市场竞争下的企业以总成本为导向。

在新零售模式下，随着消费升级和客户需求的多样化，订单的数量和频次增加，订单模式由"大批量少品种"向"小批量多品种"转化，订单渗入点进一步前置。因此，"按订单生产"开始向"按订单设计"转化，精益供应链进一步升级为柔性供应链。

4. 响应采购方式

响应采购方式适用于产品数量少、种类也少的企业，为满足这种市场需求，企业通常采用个性化定制商业模式。市场的个性化通常需要供应链的柔性响应，高端商品定制行业就是这样一个例子。

随着大数据应用范围的扩大及对目标客户的精准分析，需求拉动的供应链战略被广泛应用。柔性供应链在满足多样化的柔性需求的基础上，也要通过对大数据的整合应用，探寻成本优化与利润增加的空间。同时，企业也要进一步加快响应速度、提高服务水平，在柔性供应链的基础上重点向敏捷供应链转化。

5. 反应采购方式

反应采购方式适用于产品数量少、种类多的企业，如戴尔计算机等，这就是我们常说的大规模定制、模块化生产，需要个性化与快速响应。

该供应链管理方式更注重提高客户体验和运营效率，过程库存进一步减少，交付时间更短。随着对目标客户的数据收集与分析的深入，客户画像逐渐清晰，其需求可以被准确预测甚至被引导和创造，供应链响应因此前置。此类供应链的运行效率和利润率更高，更新速度快，服务水平也会有很大提升。

1.2.2　采购的四大维度

制定采购战略的关键工具就是 OTEP 模型。OTEP 涵盖了采购的四大主要维度，即采购组织、采购思维、采购操守与采购绩效，企业在运用 OTEP 模型工具时，也需要深入理解采购的四大维度。

1. 采购思维

采购思维即采购精神。采购是以成本为中心还是以盈利为中心？采购方的心态是什么样的？为何说采购的投资回报高？企业与供应商是怎样的关系？采购如何从被动采购转化为主动采购？

企业构建采购思维的具体工作任务与目标如下。

（1）理顺采购财务认识：采购盈利。

（2）构建清晰的采购与供应链逻辑，协助采购工作者立体、全面地看到采购任务与目标。

（3）建设营利性采购思维，形成良好的采贩心态。

（4）辅导企业进行实际采购，充分认识采购组织的财务价值，形成职业采购思维。

2. 采购组织

组织力就是生产力。企业是否觉得采购制度滞后影响对客户需求的响应？采购腐败与漏洞防不胜防？建设基于公司战略服务目标与绩效管控的采购组织与制度流程，能规范采购体系，降低采购风险，提高采购能力。

企业建设采购组织的具体工作任务与目标如下。

（1）协助采购组织明确组织任务与职能。

（2）协助规范采购组织的目标、流程、制度与跨部门信息反馈。

（3）协助构建基于组织绩效目标的采购组织体系与考核系统。

（4）辅导采购组织"接地气"，提高其采购能力。

3. 采购绩效

采购绩效是采购的核心。采购工作者实现采购价值链绩效需要何种能力？实现采购价值的工具有哪些？企业应构建采购工作者的绩效能力雷达图，明确采购工作者的绩效财务指标。

企业的具体工作任务与目标如下。

（1）理顺采购战略与采购任务的关系。

（2）培养采购工作者的供应商开发、筛选、评估与管理能力。

（3）培养采购工作者降低采购成本与进行商务谈判的能力。

（4）构建系统绩效，会涉及计划、仓储、生产、配送工艺、调度等部门。

（5）辅导采购工作者对工具与方法进行掌握，实现技能落地。

4. 采购操守

采购职业化操守，即鉴于采购职业的特殊性，采购工作者在采购职业活动中必须遵从的道德底线和行业规范。它具有"基础性"和"制约性"特点，凡采购工作者必须遵守采购操守。

企业的具体工作任务与目标如下。

（1）建设健康的采购职业化规划。

（2）明确企业伦理与职业伦理。

（3）理解采购的主动与被动。

（4）构建对知识产权、秘密信息、技术资料和其他资源的规范管理。

（5）制定企业规范：要求采购工作者始终坚持维护企业利益，诚实守信、实在做事。

1.3　AI 赋能采购与供应链场景

在四大维度的基础之上，企业通过 AI 能全面提升采购效率，降低风险，确保供应链稳定，最终实现采购价值最大化。企业需持续优化标准化流程，确保采购活动高效透明，进而提升整体运营效能。通过细化各环节标准，强化跨部门协同，企业可在激烈市场中占据优势，实现可持续发展。

1.3.1　采购数字化转型的底层逻辑

采购数字化转型的底层逻辑，本质是通过数据要素与技术能力的深度融合，重构采购业务的价值创造范式。这一过程并非简单的工具替换，而是从"经验驱动"向"数据驱动"、从"流程执行"向"战略赋能"的系统性变革。

1.　价值重构逻辑：从"成本控制"到"战略价值创造"

传统采购的核心目标是"降本"（通过谈判压价、规模采购），而数字化转型的底层逻辑是将采购升级为企业的"价值枢纽"，实现三重价值跃迁。

（1）供应链韧性构建。

①传统逻辑：依赖少数优质供应商，风险集中。

②数字化逻辑：通过供应商网络数据分析（如舆情监控、产能分布、替代源挖掘），构建"动态韧性网络"。

（2）战略成本优化。从"单点价格谈判"转向"全生命周期成本管理"，通过物联网（IoT，Internet of Things）采集设备运行数据，分析供应商维保成本；利用区块链追溯原材料碳足迹，提前应对未来碳关税合规成本。

（3）创新赋能。数字化采购系统接入外部创新资源，实现"采购即创新"。

2. 技术赋能逻辑：数据成为采购的"新生产要素"

数字化转型的本质是"数据驱动决策"，其底层技术逻辑遵循"数据采集→处理→应用→迭代"的闭环。

（1）数据资产化：打破信息孤岛。传统采购数据分散在 ERP、OA、Excel 中，根据相关调研，企业平均有 17 个采购相关系统，形成"数据烟囱"。而数字化基建则搭建采购数据中台，整合内部需求（生产计划、库存数据）、外部市场（大宗商品价格指数、供应商征信）、交易过程（招投标记录、合同履约数据）三类数据，形成采购"数字孪生"。例如，海尔采购数据中台接入 300+ 数据源，需求预测准确率提升至 92%。

（2）算法决策替代经验判断。

①供应商选择：传统依赖"报价＋资质"二维评估，数字化模型加入动态因子（如最近 3 次交付准时率波动、产能利用率变化趋势）。

②价格管理：基于实时市场数据（如大宗商品期货价格、汇率波动）＋历史交易数据训练定价模型，自动生成"动态价格基准线"。如某零售企业 AI 定价系统每 15 分钟更新采购指导价，

采购价格竞争力提升 15%。

（3）自动化执行降本提效。通过 RPA（机器人流程自动化）机器人自动处理订单、发票、对账等重复性任务，释放人力成本；同时，AI 智能审核合同条款，降低法律风险，提升整体运营效率。

3. 流程再造逻辑：从"线性割裂"到"网状协同"

传统采购流程是"需求提报→招标→谈判→下单→验收"的线性链条，各环节割裂且响应滞后。数字化转型通过"流程解构 – 节点赋能 – 网络协同"重构业务逻辑。

（1）需求端：从"被动响应"到"主动预测"。通过 AI 算法分析历史需求数据和市场趋势，提前预测未来需求，实现"需求前置"。例如，某制造企业通过 AI 预测，将原材料采购提前期从 30 天缩短至 15 天，库存周转率提升 20%。

此外，员工通过 AI 采购助手提交非标准需求（如研发样品采购），系统自动匹配供应商库并生成合规方案，需求处理效率提升 90%。

（2）执行端：从"人工干预"到"智能自治"。标准化采购（如办公用品）实现"无人化"，员工申请触发系统自动比价、下单、结算。复杂采购（如设备招标）通过 AI 辅助评标，系统自动抓取标书关键数据，比对企业资质、技术参数、报价合理性，生成"评标建议报告"，人工决策效率提升 70%。

（3）协同端：从"企业内耗"到"生态共赢"。搭建供应商协同平台，实时共享产能、质量、物流数据，实现"计划 – 采购 – 生产"同步。如某汽车主机厂与电池供应商数据直连，电池到货准确率从 82% 提升至 98%，供应链牛鞭效应降低 40%。

4. 生态协同逻辑：从"零和博弈"到"价值共生"

传统采购与供应商的关系是"价格博弈"，数字化转型推动其向"生态化价值共同体"演进。

（1）数据共享驱动共生进化。企业向战略供应商开放部分经营数据（如长期产能计划、新品研发路线），换取供应商的技术预研支持。

（2）风险共担机制构建。利用区块链构建供应链风险图谱，实时监控多级供应商风险。智能合约嵌入"风险共担条款"，当原材料价格波动超阈值时，采购方与供应商按预设比例分摊成本，避免单一方受损。

（3）可持续价值共创。数字化系统自动评估供应商 ESG 表现（如碳排放、劳工合规、数据安全），推动供应链绿色转型。中小企业通过数字化采购平台接入大企业生态，获得订单、技术、融资支持（如京东"链上京东"平台帮助 3000+ 中小供应商获得供应链金融贷款，平均融资成本下降 3 个百分点）。

采购数字化转型的底层逻辑，本质是通过"数据穿透业务、算法替代经验、生态超越个体"，实现效率、风险和价值三个层面的降维突破。

1.3.2　采购大脑：AI 驱动的智能决策系统

在数字化时代，企业采购面临着海量的数据、复杂的市场环境和多样化的需求，传统的采购决策方式已难以满足高效、精准的要求。AI 驱动的智能决策系统，如同企业的"采购大脑"，通过对数据的深度分析和智能处理，为采购决策提供了强大的支持。

1.　数据驱动的智能分析

AI 驱动的智能决策系统首先具备强大的数据收集和处理能力。它能够整合企业内部的采购历史数据、库存数据、生产计划数据，以及外部的市场行情数据、供应商信息、行业动态数据等。通过机器学习算法，对这些数据进行清洗、分类和建模，挖掘出隐藏的规律和趋势。例如，通过分析历史采购价格数据和市场供需数据，系统可以预测未来一段时间内各类采购物资的价格走势，为采购时机的选择提供依据。

同时，系统还能对供应商进行全面的评估和分析。除了传统的供应商资质、价格、交货期等指标，AI 可以通过分析供应商的社交媒体信息、行业口碑、财务状况等多维度数据，更准确地评估供应商的综合实力和风险水平。

2. 智能决策的应用场景

在采购需求预测方面，AI 系统可以根据企业的生产计划、历史销售数据、市场趋势等因素，精准预测未来的采购需求。例如，对于零售企业，系统可以根据不同地区、不同季节的销售数据，预测出各类商品的采购量，避免库存积压或短缺。在采购谈判中，系统可以分析历史谈判数据和市场行情，为采购人员提供最优的谈判策略和价格底线，提高谈判的成功率。

在采购合同管理方面，AI 系统可以自动识别合同中的关键条款，如价格、交货期、质量标准等，并对合同的执行情况进行实时监控。当出现合同违约等情况时，系统会及时发出预警，提醒采购人员采取相应的措施。此外，系统还可以通过分析大量的合同数据，为企业制定更加合理的合同模板和条款，降低法律风险。

比如，某大型制造企业引入了 AI 驱动的智能决策系统后，在采购决策方面取得了显著的成效。通过对历史采购数据和市场数据的分析，系统准确预测了原材料价格的上涨趋势，提前进行了备货，为企业节省了大量的采购成本。同时，系统对供应商的评估更加全面和准确，筛选出了一批优质的供应商，提高了采购物资的质量和交货准时率。据统计，该企业的采购成本降低了15%，采购效率提高了30%。

AI 驱动的智能决策系统可以为企业采购带来巨大的价值。它通过数据驱动的智能分析和决策，提高采购决策的科学性和精准性,降低采购成本和风险,提升企业的竞争力。随着 AI 技术的不断发展,采购将在企业采购中发挥越来越重要的作用。

1.3.3 RPA 机器人:重复劳动终结者

在企业采购流程中,存在着大量的重复、烦琐的工作,如订单录入、发票核对、数据报表生成等。这些工作不仅耗费大量的人力和时间,还容易出现错误。RPA(机器人流程自动化)机器人的出现,彻底改变了这一现状,成为重复劳动的终结者。

1. RPA 机器人的工作原理

RPA 机器人是一种基于规则的软件机器人,它可以模拟人类在计算机上的操作,自动完成重复性的工作流程。它通过读取和解析系统界面上的数据,按照预设的规则和流程,进行数据的输入、处理和输出。例如,在订单录入过程中,RPA 机器人可以从 Excel 表格中读取订单信息,自动登录采购系统,填写订单表单,并提交订单。

RPA 机器人具有高度的灵活性和可扩展性,可以与企业现有的各种信息系统进行集成,如 ERP 系统、CRM 系统、财务系统等。它不需要对现有系统进行大规模的改造,只需在界面层进行操作,即可实现流程的自动化。

2. 在采购流程中的应用

在订单处理环节，RPA 机器人可以自动接收来自供应商或内部部门的订单信息，进行订单的录入、审核和确认。它可以自动检查订单的完整性和准确性，如价格、数量、交货期等，避免人为错误。在发票核对环节，机器人可以自动读取发票上的信息，与采购订单和入库单进行比对，确保发票的真实性和准确性。对于符合要求的发票，自动进行报销处理；对于存在差异的发票，及时发出预警，提醒相关人员进行处理。

在数据报表生成方面，RPA 机器人可以按照预设的格式和要求，自动从各个系统中提取数据，生成采购报表、库存报表、供应商绩效报表等。它可以定时生成报表，并自动发送给相关的人员，大大提高了报表生成的效率和准确性。

3. 优势与效益

RPA 机器人具有高效、准确、可靠的特点，它可以 24 小时不间断地工作，大大提高了工作效率。与人工相比，RPA 机器人的错误率极低，几乎可以忽略不计，提高了数据的质量和准确性。同时，它还可以降低企业的人力成本，让采购人员从烦琐的重复劳动中解放出来，将更多的时间和精力投入到战略采购、供应商管理等更有价值的工作中。

某跨国公司在采购部门部署了 RPA 机器人后，订单录入时间缩短了 80%，发票核对错误率降低了 90%，数据报表生成时间减少了 70%。企业不仅节省了大量的人力成本，还提高了采购流程的效率和质量，提升了客户满意度。

1.3.4　区块链 +AI：构建可信采购生态

在采购领域，信任是建立良好合作关系的基础。然而，传统的采购模式中存在着信息不对称、数据篡改、流程不透明等问题，影响了采购的公正性和可靠性。区块链技术与 AI 技术的结合，为构建可信采购生态提供了新的解决方案。

1. 区块链与 AI 的优势互补

区块链具有去中心化、不可篡改、可追溯的特点，它可以将采购过程中的所有数据记录在分布式账本上，确保数据的真实性和完整性。每个交易环节都有明确的记录，且无法被篡改，实现了采购流程的透明化和可追溯性。AI 技术则具有强大的数据分析和智能处理能力，它可以对区块链上的数据进行深度分析，挖掘出有价值的信息，为采购决策提供支持。

例如，在供应商管理方面，区块链可以记录供应商的基本信息、生产过程、产品质量检测数据等，确保供应商信息的真实性和可靠性。AI 可以通过分析这些数据，对供应商进行智能评估和风险预警，帮助采购人员选择更加优质的供应商。

2. 可信采购生态的构建

在供应链溯源方面，区块链 +AI 可以实现从原材料采购到产品生产、销售的全过程溯源。通过在区块链上记录每个环节的信息，消费者可以通过扫描产品上的二维码，查询到产品的详细信息，如原材料来源、生产过程、质量检测报告等，提高了产品的可信度和消费者的满意度。

在合同管理方面，区块链可以将采购合同以智能合约的形式记录在链上，实现合同的自动执行和监管。当合同中的条件满足时，智能合约会自动触发相应的操作，如付款、交货等，避免了人为干预和违约风险。AI 可以对合同的执行情况进行实时监控和分析，及时发现问题并提出解决方案。

在资金结算方面，区块链 +AI 可以实现资金的快速、安全结算。通过区块链的分布式账本技术，资金的流向可以实时记录和追踪，确保资金的安全。AI 可以根据合同约定和结算规则，自动进行资金的清算和结算，提高了结算效率。

3. 实践与前景

某农产品采购企业采用区块链 +AI 技术构建了可信采购生态。通过区块链记录农产品的种植过程、施肥用药情况、收获时间等信息，消费者可以通过手机 APP 查询到农产品的详细溯源信息，放心购买。AI 系统对农产品的质量数据进行分析，为采购人员提供采购建议，确保采购到优质的农产品。该企业的农产品销量增长了 30%，客户满意度提高了 25%。

区块链 +AI 的结合，为构建可信采购生态提供了强大的技术支持。随着技术的不断成熟和应用的不断推广，可信采购生态将成为未来采购领域的发展趋势，为企业和社会带来更多的价值。

第二章

AI 驱动的采购计划变革

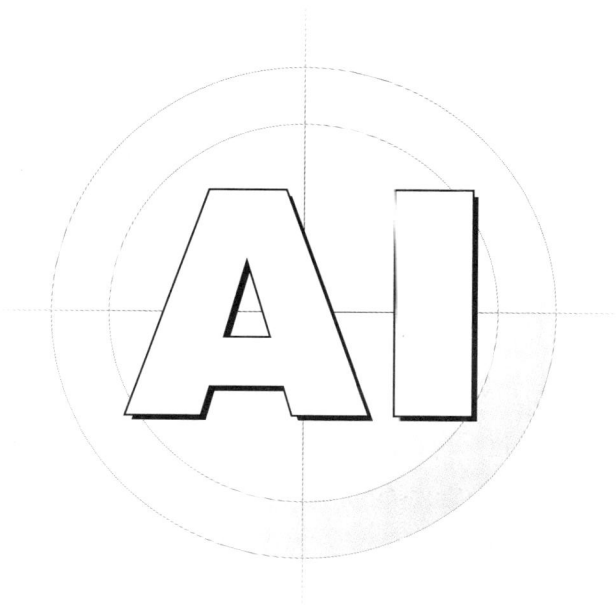

2.1 采购计划的痛点聚焦

采购计划往往因市场环境的瞬息万变和企业需求的难以预测而面临诸多挑战。企业忽视采购计划，容易导致资源配置不合理、成本增加；而制定科学采购计划，则能精准应对市场波动，优化物料需求，确保供应链稳定，提升企业竞争力。AI 技术通过大数据分析和预测模型，帮助企业精准把握市场需求和供应链动态，制定科学采购计划，降低成本，优化资源配置，确保供应链高效运转，进一步提升企业竞争力。

2.1.1 需求预测不准导致库存积压

在传统的采购计划制定过程中，由于销售、市场、供应链数据分散，难以整合，导致需求预测准确性低，库存积压严重。加上传统预测模型无法实时响应市场波动，如促销、竞品动作，进一步加剧库存风险，影响资金周转效率。

此外，滞销品占用资金，畅销品缺货，产生了牛鞭效应，供应链上下游信息不对称，需求波动被放大，最终导致采购计划失真，库存管理失控，企业运营成本增加。

2.1.2　供应商匹配耗时超 72 小时

在制定采购计划时，供应商匹配往往耗时巨大，严重影响采购效率。传统的人工筛选和评估过程烦琐，依赖经验判断，缺乏数据支撑，导致供应商选择不精准，合作风险增加。

特别是这三个方面的问题最为严重。

①信息不对称：供应商资质文件格式不统一（PDF/Excel/纸质）。

②人工筛选盲区：忽略供应商的履约历史、风险事件等隐性指标。

③协同断层：跨部门（采购 / 质量 / 财务）评审标准不统一。

2.1.3　紧急采购响应速度慢 300%

紧急采购需求突发时，传统流程需逐级审批，信息传递滞后，导致响应速度慢 300%。手工填报需求、逐级审批、电话沟通等环节耗时冗长，无法快速响应市场变化，错失商机。缺乏实时数据支持，决策迟缓，进一步加剧采购延误，影响生产进度和客户满意度。

2.2　传统采购计划

没有计划的采购，总是会因市场变化、企业需求无法确定而茫然失措，企业也因此不得不耗费大量的资源。只有依据妥善的采购计划，企业才能有效确定采购数量、时间和方式，并据此使采购战略落地，使采购需求得到满足。

具体而言，制定采购计划的目的有以下 5 点。

（1）预估物料的需求数量及时间，防止供应中断，影响企业生产。

（2）避免物料采购过多，导致库存积压、资金占用。

（3）配合企业生产计划与资金使用计划。

（4）指导采购部门确定采购策略，在合适的时机采购物料。

（5）确定物料耗用标准，增强采购成本管理能力。

成本是采购人员心里"永远的痛"。人工成本、时间成本、物料成本……采购人员无时无刻不在承受着源自各方面的成本压力。企业管理者更是如此。但采购成本的有效控制、采购活动的效率提升，只依靠采购人员是不能实现的。企业如果缺乏有效的采购计划，就不可能突破这样的困局。

笔者曾调研过大量的公司采购活动，发现采购失控的根源就是缺乏控制采购活动的计划。因此，这些公司往往都会被这几个问题困扰。

1. 采购管理失控

从企业内部来看，缺乏计划支撑的采购往往会失控，在采购时间、采购手段等各个环节都无法实现有效控制。

（1）采购时间难以确定。由于供料时间紧，企业缺乏足够的时间进行多渠道询价、比价；在着急采购时，议价能力也因此被削弱，企业难以确保物料采购价格的合理性。

（2）采购程序难以控制。领导干预、计划变更等内部原因可能导致采购无法按正常程序进行。此时，即使有相对合理的采购手段，也难以有效实施。

（3）采购手段难以掌握。在市场变化、企业竞争等宏观因素的影响下，因为缺乏有效的应对机制，企业难以掌握合适的采购手段，无法抓住最合理的采购价格。

（4）难以及时、准确验收。由于供料时间紧、缺乏专业人员等，企业难以对物料进行有效验收，物料品质也就无法得到保证。

（5）付款方式很难保证。来自资金周转方面的压力使采购资金缺乏保障，企业也因此缺乏有效的议价手段，无法与供应商讨价还价。

2. 供应商管理失控

从供应商管理来看，没有计划的采购人员会将供应商管理简化为货源管理，这将导致企业与供应商的合作永远停留在表面。

（1）无节制压低单价。在货源管理下，每家供应商在企业眼中都好像菜市场的菜贩，企业的采购原则也变成了单纯的比价。基于"价低者得"的原则，供应商很可能为了盈利而以次充好，甚至可能会因为无利可图而停止供货；企业的货源也由此中断，生产也因此陷入停滞。

（2）只做审核监管。供应商能力低下，货源品质差、交货慢……企业总是对供应商有诸多抱怨，面对供应商的各种问题，企业的应对办法仅是审核监管，为了达到品控目的，甚至对供应商采取出现问题就进行重罚的手段。

然而，企业如果只做审核监管，就会加剧供需双方的不信任感。一旦出现问题，企业与供应商则会聚焦于互相推诿，而非处理问题、提升水平。

（3）一味拖欠货款。为了避免采购占用流动资金，很多企业会将拖欠货款看作采购的"重要"组成部分，甚至将之纳入采购工作的绩效考核。于是，拖欠货款成为采购工作的常态，有些企业还会专门以品质不良、交货延迟等为借口，向供应商要求延迟支付货款或打折。

这种做法确实会帮助企业减少被占用的流动资金，但却会导致企业信用和形象严重受损。

（4）频繁更换供应商。"这家不行就换一家。"这是很多企业采购时的心理。当将供应商看作货源时，企业并不在意由谁提供物料，只在意单次采购的价格、品质或服务。此时，企业可以根据每次的采购需求，选择相对合适的供应商，从而在单次采购价格上获得一定的实惠。

然而，这种做法的缺陷也显而易见，企业无法与供应商建立稳固的采购关系，对供应链绩效的整体提升也毫无益处，甚至会导致供应商对企业的不重视，以"一次性交易"的态度对待企业。

货源管理确实能够在短期内为企业带来一些收益，但由此产生的一系列采购问题，却不利于企业整体实力的提升，也不利于企业的可持续发展，并且会阻碍企业在市场竞争中建立竞争优势。

2.2.1　采购计划制定

制定采购计划的一个重要前提，就是明确采购需求。如果不能准确识别采购需求，采购计划就可能出现遗漏或采购过多等情况，影响采购目标的实现。

1. 采购需求

采购需求识别流程如图 2-1 所示，只有在确认顾客订单需求之后，企业才能结合市场环境对采购需求进行确认，进而对需求进行分解，执行相应的采购任务。如果在确认需求环节出现失误，不仅可能导致采购成本的浪费，还有可能损害生产进程及客户体验。

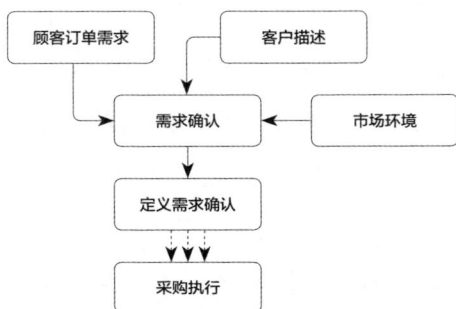

图 2-1 采购需求识别流程

下面介绍在明确采购需求的过程中，很多企业可能陷入的误区及对应的解决办法。

（1）一接到需求就制定采购计划。采购需求必须经过评审与确认，才能被列入采购计划。否则，一旦需求出现变化，已经采购的物料就可能失去意义。

（2）所有采购需求都无条件满足。由于市场环境的多变，企业在获悉客户的需求之后，应当对相应物料的市场环境进行分析。如果采购需求与企业的发展战略或市场实际情况相悖，企业应当与需求部门进行沟通，修改需求甚至取消需求。

为此，采购需求的明确与筛选，需要经过以下两个关键环节。

（1）对需求进行分解确认。在最初的洽谈中，采购需求通常表现为产品、数量、价格等简单要素的组合，但在采购需求的确认中，采购部门必须对需求进行进一步的分解确认，如确认交期、包装、付款方式及特殊要求等。

针对订单涉及的所有要素，与需求部门进行充分沟通协调并达成一致意见，制作一份完整的需求表。

（2）对采购需求进行评审。接到采购需求后，企业应根据实际情况，安排采购部门或多个部门对采购需求进行评审，以避免采购失败导致订单无法完成，影响顾客体验、损害企业形象。

一旦评审通过，则需要责任人签字确认。此时，采购需求表才能交到采购部门，真正开始执行采购作业。

2. 物料需求计划（MRP）使用技巧

制定采购计划的一项重要工作就是制定物料需求计划（Material Requirement Planning，MRP）。

20世纪60年代，在IBM公司提出"独立需求"和"相关需求"的概念后，制造业的库存控制方法就发生了改变：从简单的订货点法，改为用MRP来控制。MRP的原理在于，以"预测法"来控制独立需求，用"正确计算法"来控制相关需求，即通过MRP运算得出物料需求。

MRP运算是依据主生产计划（Master Production Schedule，MPS）、物料清单（Bill of Materials，BOM）等资料计算出物料在各个时点之需求量。

其中，MPS 确定的是每一具体产品在每一具体时间段内的生产计划，应与经营规划和销售规划协同；BOM 是描述企业产品组成的技术文件，包含总装件、分装件、组件、零部件及原材料的结构关系及需求数量。

在这个过程中，企业必须遵循以下 4 个基本原则。

（1）客户需求是源头，应尽量明确客户需求。

（2）MPS 是关键，其在一定时间内不能变动，在较长时间内动态滚动以满足需求。

（3）MRP 运算是过程，基础数据及算法正确最重要。

（4）采购订单、各工序制造工单是结果，好坏与否看前端运算和后续控制。

只有如此，企业才能在及时取得生产所需物料、确保产品及时供应的同时，尽可能降低库存水平。

MRP 的有效使用，离不开订货点法的使用与安全库存的设置。

订货点法或订购点法（Order Point Method），又叫安全存量法，是指某种物料或产品的库存量因生产或销售而逐渐减少，当库存量降低到某一预先设定的点时，即开始发出订货单（采购单或加工单）来补充库存；当库存量降低到安全存量（Safety Stock，SS）水平时，发出的订货单所订购的物料（产品）刚好到达仓库，补充前一时期的消耗。此订货的数值点，即称为订购点。

在实施订购点法之前，采购人员要明确安全存量、最高存量、最低存量这 3 个概念。

（1）安全存量。安全存量平时一般不用，它是为了防止不确定性因素（如大量突发性订货、物料交期突然延迟、临时用量增加、客户交期提前等特殊原因）的出现而预计的保险储备量（缓冲库存）。其计算公式为：

安全存量 = 紧急订购需天数 × 每天使用量

（2）最高存量。最高存量是指在生产高峰时，某项物料（如通用标准物料）允许库存的最高水平。其计算公式为：

最高存量 = 一个生产周期的天数 × 每天使用量 + 安全存量

（3）最低存量。最低存量是指在生产淡季，能确保配合生产所需的物料库存数量的最低水平。其计算公式为：

最低存量 = 订购时间 × 每天使用量 + 安全存量

通过上述 3 个概念，企业应当认识到，存量的设置并非一成不变，生产变化会直接影响存量的设置。

因此，企业要想借助 MRP 来精准控制库存，就要明确 3 个问题：维持多少存量（库存水准），何时采购物料（订购点），采购多少物料（订购量）。否则，企业就可能面临库存控制不当导致的各种不良后果，如表 2-1 所示。

表 2-1　库存控制不当的后果

类别	订购时间	订购量	后果
1	过早	过多	库存过剩，浪费库存保管成本并占用资金
2	过早	过少	前期库存过剩，浪费库存保管成本并占用资金；后期库存不足，造成停产及延期交货

类别	订购时间	订购量	后果
3	过迟	过多	前期库存不足，造成停产及延期交货；后期库存过剩，浪费库存保管成本并占用资金
4	过迟	过少	库存不足，多次造成停产及延期交货

订购点法实施的关键是以库存水准来确定何时订购。因此要先确定各种物料的订购点和订购量。如图 2-2 所示，通过账务管理，如发现库存水平已经低于订购点量了，就应迅速制定采购计划，使库存回到安全的水准。

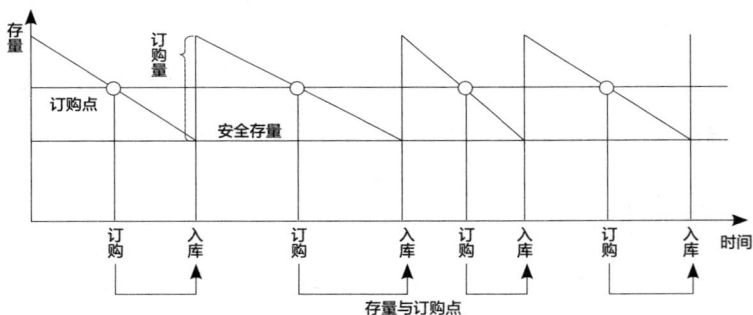

图 2-2　订购点法

由此可见，订购点法的实施具有两大要点。

（1）确定物料订购点。其计算公式为：

订购点 = 平均日需求量 × 平均订购前置时间 + 安全库存

（2）确定经济订购量。

具体而言，EOQ 计算公式的推导包含下述 4 个步骤。

①订购成本 = 储存成本。最适合的订购量，即 EOQ。

②年订购成本 = 年订购量 ÷ EOQ × 平均每次订购成本。

③库存成本 =EOQ ÷ 2 × 物料单价 × 库存维持率。

$$④EOQ = \sqrt{\frac{2 × \text{年订购量} × \text{平均每次采购的处理成本}}{\text{物料单价} × \text{库存维持率}}}$$

借助订货点法，企业能够确保不断产、缩短物料备购时间、简化运营、快速处理紧急订单，这也是制定 MRP 的核心方法。

2.2.2　采购预算管理

采购预算是用金额来表示的采购计划。采购预算应当与企业销售预算和生产预算协同，以提升企业资金使用效率；并与采购调查和采购计划保持一致，以推动采购计划的顺利执行。

1. 编制采购预算的作用

很多企业质疑编制采购预算的必要性，因为企业的实际采购支出总是超出采购预算或远未达到采购预算水平——"这样的采购预算还有什么意义？该用多少还是得用多少。"

之所以产生这样的误解，正是因为企业采购预算失去了应有的效用。其实，采购预算是用来规划协调企业采购活动的重要工具，而不只是财务部门或审计部门的专有工具。

编制企业采购预算的过程，就是采购人员深入了解企业特性、物料需求及市场状况的过程。尤其是在企业整体预算管理的大框架下，采购预算的编制能对整个组织的需求进行管理，而不只是局限于采购部门内的需求。

2. 编制采购预算的方法

编制采购预算的依据就是物料成本和企业对物料价格的预期。而在具体编制过程中，根据企业预算管理方式的不同，其编制方式也有所区别。一般而言，企业的预算表的编制流程如图 2-3 所示。

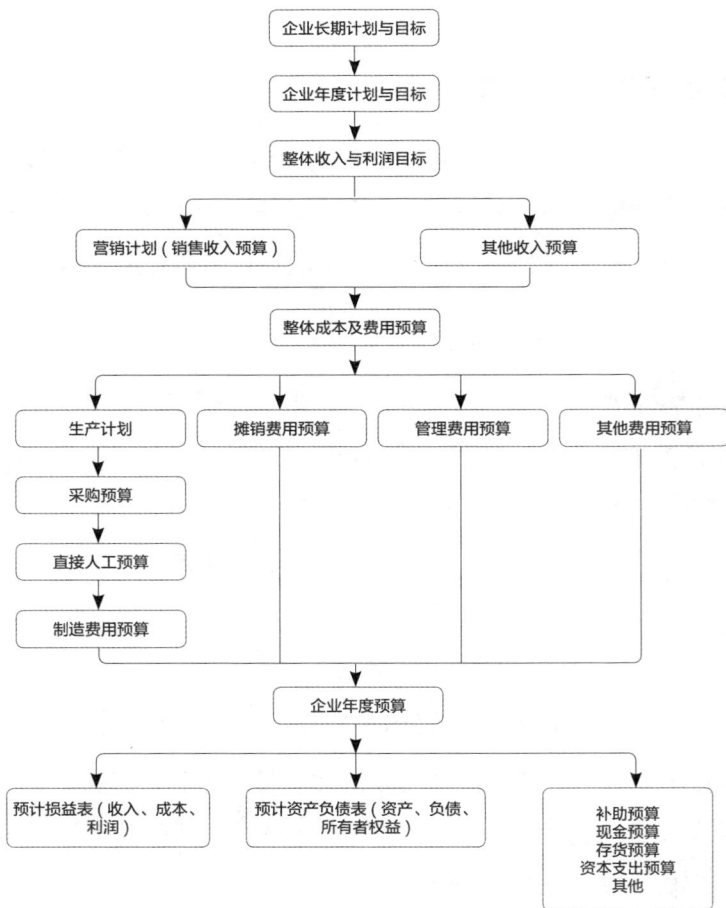

图 2-3　预算表的编制流程

具体到采购编制的预算中，其编制流程一般如图 2-4 所示。

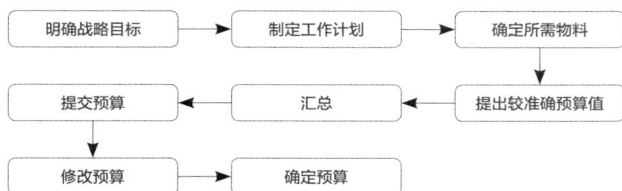

图 2-4　采购预算编制流程

3. 采购预算管理的 5 个注意事项

采购预算管理影响着采购活动的推进状况，也与企业整体预算管理密切相关。在采购预算管理中，企业应当注意以下 5 个问题。

（1）编制预算前必须进行深入的市场调研。只有基于广泛的市场信息，如物料价格、市场供求、国家经济形势及汇率变化等多种信息，编制出来的采购预算才能切实可行。

（2）采购预算的编制必须遵循明确的编制、修改流程，企业必须设置完善的分析监管方法，提高采购预算管理的科学性。

（3）采购预算的编制不可能考虑到所有可能发生的情况，为了让预算管理有序推进，企业可以提出必要且合理的假设。

（4）预算的编制要尽量做到具体化、量化。

（5）鼓励相关部门参与采购预算管理，确保采购预算管理符合企业的战略需求。

2.3　采购计划的 AI 解决方案

通过 AI 技术，企业可实时分析市场动态，精准预测物料价格波动，优化采购计划和预算编制，提高预算的准确性和可行性。AI 系统还能自动监控预算执行情况，及时调整策略，确保采购活动与市场变化同步，从而提升企业整体运营效率。AI 技术的引入，不仅减轻了采购人员的负担，还能通过数据驱动的决策，有效降低人工、时间和物料成本。企业通过 AI 系统的智能化分析，能够更精准地把握市场趋势，制定出更为合理的采购预算，从而在激烈的市场竞争中占据优势。

2.3.1　智能需求预测

当我们学会使用 AI 工具后，AI 工具通过分析历史数据和市场趋势，精准预测未来物料需求，帮助企业提前规划采购计划，避免库存积压或短缺。同时，AI 还能实时监测需求变化，动态调整预测结果，确保采购策略的灵活性和适应性。

通过 AI 工具进行需求预测，整体上来说可以分为四个步骤：数据收集、模型构建、预测分析和结果验证。

1. 数据收集

数据分为内部数据和外部数据。

内部数据包括 ERP（销售订单、库存记录）、WMS（仓储数据）、MES（生产数据）等。外部数据涵盖市场报告、行业趋势、竞争对手动态等。

通过整合内外数据，构建全面的数据基础，为后续模型构建提供坚实支撑。

2. 模型构建

选择合适的预测模型，如时间序列分析、回归分析等，结合企业实际情况进行参数设定和模型优化。利用机器学习算法，确保模型能够准确捕捉数据间的复杂关系，提高预测精度。模型的构建，我们可以通过 DeepSeek 等 AI 工具去建构，非常方便。

3. 预测分析

预测分析阶段，AI 工具将处理后的数据输入模型，进行需求预测，生成详细的预测报告。预测报告涵盖需求量、时间节点、潜在风险等关键信息，为企业决策提供有力依据。

4. 结果验证

最重要的一步，是对预测结果进行实际验证，比对实际需求与预测数据，评估模型准确性，并根据偏差进行模型调整和优化，确保预测结果的可靠性和实用性。通过不断迭代和改进，AI

工具的需求预测功能将愈发精准，助力企业实现高效、科学的采购管理。

2.3.2 供应商智能匹配

引入 AI 技术后，企业能根据物料特点和采购战略，智能匹配供应商。如关键部件采用战略联盟，原材料选择长期合作伙伴，办公用品通过网上采购，辅料、配件则签订长期合同。AI 系统依据供应商数量、库存水平等数据，优化匹配方案，确保供应链协同，提升采购效率。

供应商管理的内容，我们在后面专门讲述，这里不再赘述。

2.3.3 动态采购计划优化

通过 AI 算法实时分析市场需求、库存变化及供应商状态，我们可以动态调整采购计划，优化采购批次和数量。结合历史采购数据和当前市场趋势，精准预测未来需求，确保采购计划的灵活性和前瞻性。

例如，将 2024 年四季度的采购数据与 2023 年同期对比，分析出需求增长趋势，从而调整 2025 年一季度的采购策略，避免库存积压或短缺。通过这种动态优化，就能实现采购成本的有效控制和供应链的高效运转。

2.3.4　自动化采购订单生成

AI 系统能根据优化后的采购计划，自动生成采购订单，包含品名、数量、价格等详细信息，并通过电子签名和加密技术确保订单安全。系统能实时监控订单状态，自动催单和跟进，减少人工干预，提升订单处理效率，确保采购流程无缝衔接，降低人为错误风险。

AI 系统还能根据供应商反馈和市场变化，动态调整订单细节，确保采购需求的精准满足。通过自动化订单管理系统，企业能实时追踪订单进度，及时发现并解决潜在问题，进一步提升采购流程的透明度和可控性，保障供应链的稳定性和高效性。

从以上的内容中，我们可以看到，AI 工具的引入，让需求预测、供应商管理、动态计划和订单生成等环节实现了智能化升级，表 2-2 所示是四个环节在引入 AI 工具后的核心价值变化。

表 2-2　引入 AI 工具后采购环节核心价值变化

环节	输入	输出	核心价值
需求预测	历史数据＋市场信号	未来需求概率分布	消除库存积压／短缺
供应商匹配	需求规格＋供应商库	Top N 候选供应商	缩短寻源周期
动态计划	需求预测＋库存状态	采购执行指令	优化资源配置
订单生成	执行指令＋合同条款	可执行订单文档	减少人工干预

通过 AI 工具的应用，企业不仅能提升采购效率，还能显著降低运营成本，增强市场竞争力。各个环节的智能化协同，确

保了供应链的灵活性和响应速度，为企业持续发展奠定了坚实基础。

第三章

供应商全生命周期 AI 管理

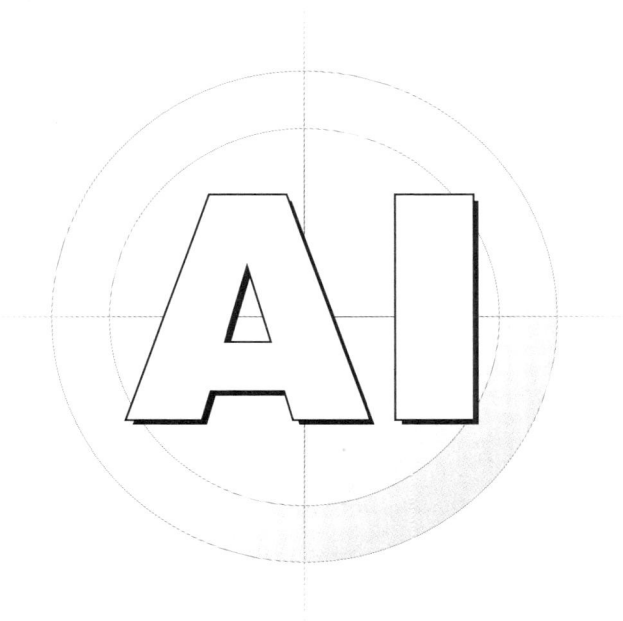

3.1 供应商管理的痛点聚焦

传统的供应商管理有很多痛点，如信息不对称、沟通效率低、评估标准不统一等，导致供应商选择和合作存在诸多风险。AI 技术的引入，通过大数据分析和智能算法，能全面评估供应商资质，实时监控合作表现，提供精准的绩效评估和风险预警，有效解决传统管理中的难题，提升供应商管理的科学性和透明度。

3.1.1 供应商资质审核需 5 人团队耗时 2 周

在供应商资质审核环节，传统的模式，企业往往需要组建 5 人规模的专业团队，历经整整 2 周的时间才能完成对供应商的全面审核。这一过程之所以耗费大量时间和精力，主要是因为审核内容涵盖广泛，包括供应商的营业执照、生产许可证、质量管理体系认证、财务报表、生产能力、技术研发能力、以往合作业绩等诸多方面。

审核团队需要对每一项资料进行细致查阅、分析和验证，还要可能实地考察供应商的生产场地、设备设施、管理状况等。例如，财务报表的审核需要专业的财务人员逐笔分析各项财务指标，判断供应商的财务健康状况和偿债能力；生产能力的考察需要深入生产车间，了解生产线的布局、设备的先进程度、员工的操作熟练程度等，这些都需要耗费大量的时间和精力。

然而，即便投入了如此多的资源，资质审核仍易受主观因素影响。不同的审核人员由于专业背景、工作经验、风险偏好等方面的差异，对同一供应商的资质可能会做出不同的判断。

比如，在评估供应商的技术研发能力时，有的审核人员可能更看重研发团队的规模和学历水平，而有的审核人员则更关注实际的研发成果和专利数量。这种主观差异可能导致审核结果出现偏差，使得一些优质供应商被误判为不合格，或者一些存在潜在问题的供应商通过审核进入企业的供应链，为后续的合作埋下隐患。

3.1.2　供应商风险预警滞后 3 个月

传统的采购模式下，企业在供应商风险预警方面存在明显的滞后问题，通常滞后时间长达 3 个月。这意味着当企业察觉到供应商存在风险时，风险已经发生并持续了三个月之久，错过了最佳的应对时机。

造成这种滞后的原因主要有以下几点。

首先，风险数据的收集渠道不够丰富和及时。企业往往依赖供应商自身的报告、历史合作数据等有限的信息来源，而对行业动态、市场变化、政策法规调整等外部因素的收集和分析不够及时和全面。例如，当供应商所在行业出现新的竞争对手、原材料价格大幅波动、环保政策收紧等情况时，企业可能无法及时获取相关信息，导致风险预警滞后。

其次，风险评估和分析的方法不够科学和高效。很多企业仍然采用传统的定性分析方法，依靠人工判断来识别和评估供应商风险，缺乏基于大数据和模型的定量分析手段。这种方法不仅效率低下，而且容易受到人为因素的影响，难以准确地预测和识别潜在的风险。

此外，企业内部各部门之间的信息共享和沟通不畅，也导致风险信息不能及时传递到相关管理部门，进一步加剧了风险预警的滞后性。供应商风险预警的滞后可能会给企业带来严重的后果，如供应商突然出现质量问题、交货延迟、资金链断裂等，企业由于没有提前做好应对准备，可能会面临生产中断、客户投诉、市场份额下降等问题，给企业的经济效益和声誉造成巨大损失。

3.1.3 绩效评估主观误差达 40%

在供应商绩效评估环节，存在着严重的主观误差问题，据统计主观误差率高达 40%。这主要是由于当前的绩效评估体系不够科学和完善，评估指标和评估标准不够明确和量化，评估过程过多地依赖评估人员的主观判断。

例如，在评估供应商的产品质量时，可能没有具体的量化指标，而是仅凭评估人员对产品外观、使用体验等方面的主观感受来打分；在评估供应商的服务水平时，也往往缺乏明确的服务标准和考核指标，导致评估结果存在较大的主观性。

此外，评估人员的个人偏见、情感因素等也会对评估结果产生影响。一些评估人员可能会因为与供应商的私人关系较好，而在评估时给予较高的分数，或者因为对某个供应商存在固有印象，而忽视其实际表现的变化。这种主观误差严重影响了绩效评估的准确性和公正性，使得企业无法准确地了解供应商的实际表现，不能及时发现供应商存在的问题，也无法对供应商进行有效的激励和约束。

例如，一些表现优秀的供应商可能因为主观误差而得不到应有的奖励和认可，影响其合作积极性；而一些表现较差的供应商可能因为评估误差而继续留在供应链中，给企业的采购成本、产品质量等方面带来不利影响。

3.2 AI 在供应商管理中的创新应用

面对传统供应商管理中的各种痛点，AI 的引入，能够有效解决信息不对称和主观误差问题，通过大数据分析和智能算法，实

时监控供应商动态，精准评估绩效，提升决策科学性，确保供应
链稳定。

3.2.1 供应商智能筛选

传统的供应商管理中，供应商开发是一项复杂且耗时的任务，企业耗费了大量的人力、物力，但仍难以开发更多潜在优质供应商。

AI 智能推荐能通过分析多个开发渠道的海量数据，快速筛选出匹配度高的供应商，大幅提升开发效率，降低人力成本，确保企业能够精准锁定优质合作伙伴。

AI 系统还能根据供应商历史数据和平台公示信息，快速筛选出合适的供应商，通过电子招标、电子询价等手段完成采购计划，进一步缩短采购周期，降低成本，确保企业及时、准确地掌握市场动态，获取最优采购价格。

比如，当我们构建了一个 AI 驱动的供应商评估模型，综合考量供应商的信誉、交货能力、价格竞争力等多维度指标，自动生成最优供应商列表，就可以助力企业精准决策。通过这种智能匹配，企业不仅能高效筛选优质供应商，还能动态监控供应商表现，及时调整合作策略，确保供应链稳定。

比如，我们可以按照这个步骤和方案来智能匹配供应商。

Step1：数据整合与清洗

（1）数据来源。

①供应商数据：ERP 供应商档案、历史交易记录、资质证书（ISO/ 行业认证）、舆情评价（新闻 / 诉讼）。

②采购需求数据：SKU 规格、历史采购订单、生产计划、库存水位。

（2）关键处理技术。

①结构化数据：SQL 数据库 +Pandas 清洗（去重、缺失值填充）。

②非结构化数据：NLP 处理供应商文档（如检测报告、合同条款）。

python

From sklearn.feature_extraction.text import TfidfVectorizer

tfidf=TfidfVectorizer（）# 将供应商描述文本转为向量

supplier_profiles=tfidf.fit_transform（supplier_docs）

③外部数据：爬虫抓取供应商社交媒体动态（如产能预警）、海关进出口数据（验证真实交易量）

（3）工具推荐。

①数据湖：AWSS3+Databricks（统一存储结构化与非结构化数据）。

②实时数据：Kafka+Flink（同步供应商库存变动）。

Step2：特征工程与模型构建

（1）核心特征。

①供应商能力评分：

质量评分 = 历史批次合格率 ×0.6+ 认证等级 ×0.4

交期可靠性 = 准时交货次数 ÷ 总交货次数

②动态权重调整：

紧急采购时，交期权重提升至50%；常规采购时，价格权重占70%。

（2）主流算法。

①分类模型：匹配供应商是否满足硬性条件（如最低产能要求）。

python

From sklearn.ensemble import RandomForestClassifier

model=RandomForestClassifier（ ）# 输入特征：供应商产能、地理位置等

②推荐系统：协同过滤（CollaborativeFiltering）。

基于相似采购订单的供应商推荐（如 A 商品采购商曾选择 X 供应商，则 B 商品可复用）

③强化学习：动态优化供应商组合（长期合作 vs 短期成本）。

python

基于 Q-Learning 的供应商选择策略

Q=np.zeros（（state_space,action_space））#state：库存 / 预算；
action：供应商选择

（3）模型选择依据：

①数据规模：小样本（<1 万条）→随机森林；大数据（>10万条）→ XGBoost+ 深度学习。

②决策类型：二选一（是 / 否）→分类模型；多选排序（Top5 供应商）→贝叶斯优化。

Step3：匹配策略设计

（1）策略类型。

①基于规则匹配：

硬性条件过滤（如注册资金 ≥ 500 万元、ISO 认证）。

规则引擎工具：Drools（开源）、IBMILOG。

②基于相似度匹配：

余弦相似度计算供应商画像与需求画像的匹配度。

python

From sklearn.metrics.pairwise import cosine_similarity

similarity_score=cosine_similarity（supplier_vector,demand_vector）

③基于博弈论匹配：

Nash 均衡模型：平衡价格谈判中的多方利益。

（2）动态调整机制。

①实时监控供应商履约率，动态更新评分（如交货延迟一次扣减 10% 权重）。

②风险预警：当供应商所在区域发生自然灾害时，自动切换备选供应商。

Step4：系统落地与效果验证

（1）技术栈示例。

①数据处理层：Apache Spark（分布式计算）。

②模型服务层：TensorFlow Serving（模型 API 部署）。

③业务层：低代码平台（如 OutSystems）构建供应商管理界面。

（2）效果评估指标。

①匹配效率：从需求输入到供应商推荐耗时（目标：<1 秒）。

②匹配精度：采购成本下降幅度、供应商履约率提升。

③业务价值：库存成本降低 15% ~ 30%，供应商切换频率减少 50%。

3.2.2 资质验证自动化

在企业供应链管理中，供应商资质验证是准入环节的核心工作，需审核营业执照、税务登记证、生产许可证、财务报表、合规证明等数十类文档。

1. 传统人工验证三大瓶颈

（1）效率低下。单份复杂文档审核耗时 30 ～ 60 分钟，海量供应商准入时易形成流程堵塞。

（2）准确率依赖经验。人工识别证件有效期、经营范围匹配度等信息易出错，漏审风险高。

（3）合规性滞后。政策更新（如营业执照"多证合一"改革）时，人工规则难以及时迭代，存在合规漏洞。

2. AI 智能验证

现在，通过 OCR（光学字符识别）实现文档信息自动化提取，结合 NLP（自然语言处理）完成语义解析与逻辑验证，就可以构建"数据采集—智能处理—风险决策"全链路自动化系统。

我们可以构建供应商资质验证自动化系统架构，图 3-1 所示是其架构示意图。

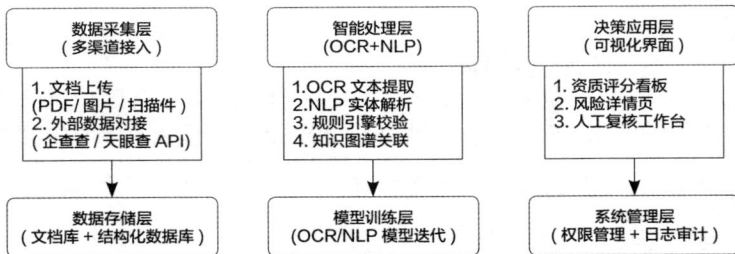

图 3-1 供应商资质验证自动化系统架构示意图

3. 资质验证自动化核心应用场景

（1）营业执照智能审核。自动识别统一社会信用代码、经营范围、成立日期等字段，比对工商系统数据一致性，标记"经营范围与合作业务不匹配""证件即将过期"等风险。

（2）财务报表合规性分析。通过 NLP 提取资产负债率、流动比率等关键财务指标，结合行业基准值自动判断偿债能力；识别报表中是否存在"连续两年亏损""审计意见为保留意见"等风险信号。

（3）资质证书动态监控。对有效期满前 30 天的证书自动触发预警，提醒供应商更新；关联证书等级与业务准入要求（如建筑企业资质等级对应可承接项目规模）。

4. 资质验证自动化应用价值

供应商资质验证，传统人工模式和自动化验证的应用价值可以从四个维度进行对比，如表 3-1 所示。

表 3-1　传统人工模式和自动化验证的应用价值对比

维度	传统人工模式	自动化系统	提升效果
审核效率	单供应商耗时 2～3 小时	全流程 ≤ 5 分钟（含外部数据核查）	效率提升 90%+
准确率	人工漏审率 5%～10%	关键信息识别准确率 ≥ 99%	风险事件减少 80%
合规成本	规则更新依赖人工培训	政策库自动同步（如资质改革）	合规响应周期从周级压缩至分钟级
人力成本	需配置专职审核团队	仅需少量复核人员	人力投入减少 60%～70%

　　OCR+NLP 技术的融合，不仅解决了供应商资质验证的效率与准确率问题，更通过数据智能构建了供应链准入的"数字护城河"。企业需从技术选型（选择支持定制化的 AI 平台）、业务流程再造（明确机器决策与人工复核边界）、数据治理（确保多源数据一致性）三方面同步发力，才能最大化释放智能审核的价值，为供应链高质量发展奠定基础。

3.2.3　供应商管理风险预警雷达

　　供应商管理风险预警雷达是一种用于实时监测和评估供应商风险的工具，它可以帮助企业通过多维度数据监测和 AI 模型预测，提前识别供应商的财务风险、履约风险、合规风险，实现风险等级自动划分与分级预警。

　　供应商管理风险预警雷达的具体实施步骤可以分为四步，分别是数据采集与整合、风险评估模型构建、实时监控预警、风险应对策略制定。

1. 数据采集与整合

首先，系统通过 API 接口、数据爬取等方式，自动收集供应商的财务报表、资质证书、履约记录等多源数据，并进行清洗、标准化处理，确保数据质量和一致性。接着，利用 OCR 技术提取文本信息，NLP 技术解析关键数据，构建全面的风险评估基础数据集。

2. 风险评估模型构建

基于已整合的数据集，结合行业标准和历史风险案例，运用机器学习算法构建风险评估模型，精确量化供应商风险水平。表 3-2 所示是核心风险维度。

表 3-2　核心风险维度

风险类型	关键指标（示例）	数据来源
财务风险	流动比率 <1.2、净利润同比下滑 >30%	供应商财报、征信报告
履约风险	交货延迟率 >15%、质量合格率 <95%	历史订单数据
合规风险	环保处罚记录、员工劳动纠纷诉讼	政府公开数据、舆情
地缘风险	供应商所在国政治稳定性指数 <60（指数来源：ICRG）	外部数据库

在这些核心风险维度之上，企业还需考虑市场波动、供应链中断等动态因素，通过 AI 模型实时更新风险评估结果，确保预警的时效性和准确性。

3. 实时监控预警

系统通过 API 接口实时监测供应商数据变化，结合 AI 模型动态评估风险等级，一旦触发预警阈值，立即生成可视化报告并推送至管理层，确保及时响应。同时，系统根据风险等级自动匹配应对策略，辅助企业制定精准的风险防控措施，全面提升供应链风险管理能力。

图 3-2 所示是风险雷达图示例。

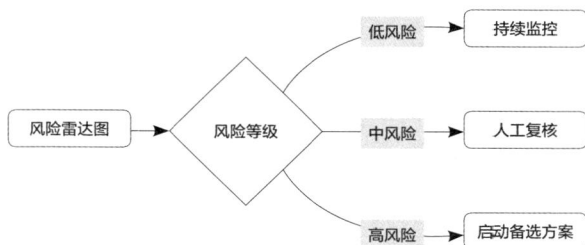

图 3-2　风险雷达图示例

当风险雷达发出预警信号后，企业需要及时采取相应的风险应对措施。例如，如果是供应能力方面的风险，可以与供应商沟通增加产能、寻找备用供应商；如果是产品质量问题，要求供应商加强质量控制、进行质量整改；对于财务风险，可以考虑调整付款方式、要求供应商提供担保等。同时，要对风险应对措施的实施效果进行跟踪和评估，及时调整应对策略，直至风险得到有效控制。

3.2.4 智能绩效评估体系

在供应商管理中,除了供应商筛选、资质验证、评估和监控,还需做好供应商绩效管理。依据供应商的风险等级、合作历史、业务重要性等因素,将其分为核心、重要、一般等级别,分别制定针对性的绩效评估体系。但在传统的供应商绩效管理中,往往缺乏动态调整机制,难以适应市场变化。通过引入 AI 技术,就能实时分析供应商表现数据,动态调整绩效评估标准,确保评估结果更加精准,提升供应链整体效能。

1. 智能绩效评估体系的核心逻辑

智能绩效评估体系的目标,是通过多维数据动态评估供应商的质量、成本、交期、服务、创新暨发展潜力等能力,实现自动化评分→分级管理→策略优化的闭环管理。具体的评估维度如表 3-3 所示。

表 3-3 智能绩效评估体系的评估维度

维度	关键指标(示例)	权重(参考)
质量	批次合格率、缺陷率、退货率	30%
成本	价格波动率、降本贡献度、账期匹配度	25%
交期	准时交货率、订单履行周期、紧急响应速度	20%
服务	投诉处理时效、协同创新次数、ESG 合规性	15%
创新暨发展潜力	研发投入占比、专利数量、产能扩展能力	10%

2. 实施步骤与技术方案

智能绩效评估体系的具体实施步骤包括数据采集与标准化、动态指标权重设计、模型构建、可视化与决策应用。

（1）数据采集与标准化。运用边缘计算技术，对供应商的多源异构数据进行标准化处理，确保数据质量和一致性。数据包括内部数据和外部数据。

（2）动态指标权重设计。基于实时战场态势和任务需求，动态调整各指标权重，确保评估结果精准反映供应商实际表现。运用大数据分析，识别关键影响因素，优化权重分配。

权重分配方法可以参考如下内容。

①层次分析法（AHP）：专家打分确定基础权重（如质量权重 30%）。

②强化学习动态调整：根据采购策略变化自动更新权重。比如紧急订单场景，交期权重提升至 40%；成本优化场景，价格权重提升至 50%。

（3）模型构建。采用机器学习算法，结合历史数据和实时数据，构建多维度评估模型，确保评估结果的客观性和准确性。通过不断迭代优化，提升模型的预测能力。

（4）可视化与决策应用。利用数据可视化技术，将评估结果直观展示，辅助管理层决策。比如雷达图可以展示各维度得分对比，热力图可以按品类或区域显示供应商绩效分布与风险等级。

通过智能绩效评估体系，企业不仅能实时掌握供应商综合表现,还能精准识别潜在风险,制定针对性改进策略,从而持续优化供应链结构,提升整体运营效率和竞争力。可以实现供应商管理的透明化、科学化、动态化,建议优先在战略供应商和高价值品类中试点,逐步扩展至全供应商库。

第四章

采购品质管理的 AI 变革

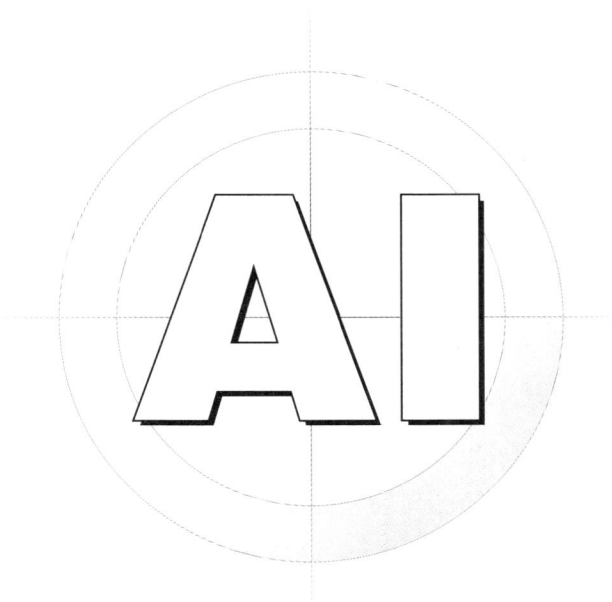

4.1 采购品质管理的痛点聚焦

在传统的采购品质管理中，人工质检是传统且常用的质量把控方式。然而这种方式存在效率低、主观性强等问题。AI 技术的引入，通过图像识别和大数据分析，实现了自动化质检，显著提升了检测精度和效率。

4.1.1 人工质检漏检率高达 12%

在采购品质管理流程中，人工质检这种方式存在着显著的局限性，其中最为突出的便是较高的漏检率。经实际数据统计分析，人工质检的漏检率高达 12%。

从生理和心理层面来看，质检人员长时间重复进行检验工作，极易产生视觉和精神疲劳。在面对大量待检物料时，注意力难以始终保持高度集中，从而导致对一些细微的质量问题无法及时察觉。例如，在电子元器件的检验中，对于芯片引脚的轻微变形、焊点的微小瑕疵等问题，质检人员可能会由于疲劳而疏忽遗漏。

此外，人工质检的标准难以做到绝对统一和精确。不同的质检人员由于专业知识、经验以及个人判断的差异，对同一质量标准的理解和执行可能存在偏差。有的质检人员可能对某些质量问题的敏感度较高，而有的则相对较低，这就使得部分质量问题在检验过程中被忽略，进而流入后续的生产环节，给产品质量带来潜在风险。

较高的漏检率不仅会增加企业的生产成本，因为后续可能需要花费更多的资源去修复或更换不合格产品，还会影响企业的声誉。一旦客户发现产品存在质量问题，可能会对企业的信任度产生负面影响，导致客户流失和市场份额下降。

4.1.2　异常物料追溯耗时超 48 小时

当采购的物料出现质量异常时，对其进行准确、快速地追溯是解决问题的关键。然而，在实际操作中，异常物料的追溯往往需要耗费大量的时间，据统计，平均耗时超过 48 小时。

一方面，物料采购供应链通常较为复杂，涉及多个环节和众多参与方。从供应商的原材料采购、生产加工，到运输配送，再到企业内部的仓储、检验等环节，每个环节都可能存在信息记录不完整或不准确的情况。当发现物料质量异常时，要从如此复杂的供应链中找到问题的根源，需要耗费大量的时间和精力去收集、整理和分析各个环节的信息。

另一方面，企业内部的信息管理系统可能存在缺陷，缺乏有效的信息共享和整合机制。不同部门之间的信息沟通不畅，导致在追溯过程中需要花费大量时间去协调和获取相关信息。

例如，生产部门发现物料异常后，可能需要与采购部门、仓储部门、质检部门等多个部门进行沟通，以确定物料的来源、批次、检验记录等信息，而这些信息的传递和核实往往需要较长时间，从而延长了整个追溯过程。

长时间的异常物料追溯不仅会导致生产停滞，增加企业的运营成本，还可能错过最佳的问题解决时机，使问题进一步扩大化，影响企业的生产效率和产品质量。

4.1.3　供应商质量波动无预警

供应商的产品质量直接影响到企业的采购品质。然而，在实际的采购品质管理中，往往存在对供应商质量波动缺乏有效预警的问题。

供应商的生产过程受到多种因素的影响，如原材料质量的变化、生产设备的故障、操作人员的变动、生产工艺的调整等。这些因素都可能导致供应商的产品质量出现波动。而企业由于缺乏有效的监控手段和信息反馈机制，无法及时察觉这些质量波动的迹象。

例如，一些供应商可能为了降低成本而更换原材料供应商，但没有及时通知采购企业，或者在生产工艺上进行了调整，但没有进行充分的验证和测试。在这种情况下，如果企业不能及时获取这些信息，就无法对供应商的产品质量进行有效的监控和评估，直到收到质量不合格的物料时才发现问题，此时已经对企业的生产造成了影响。

此外，企业与供应商之间的合作关系也可能影响到质量预警的有效性。如果双方的沟通不够顺畅，信息共享不及时，企业就难以掌握供应商的生产动态和质量状况。同时，一些企业可能过于依赖少数供应商，缺乏对供应商的多元化管理和风险评估，一旦供应商出现质量问题，就会对企业的采购品质和生产运营造成较大的冲击。

对供应商质量波动缺乏预警，会使企业在采购品质管理中处于被动地位，增加了企业的质量风险和运营成本，影响企业的稳定发展。

4.2 采购品质管理的 AI 解决方案

在数字化浪潮下，AI 技术为采购品质管理提供了全新的解决思路，AI 技术能实时监控供应商生产数据，预警质量波动，帮助企业及时发现并解决问题，减少人力和材料浪费，提升采购品质管理效率。

4.2.1 AI 视觉质检系统

AI 视觉质检系统，基于人工智能技术进行图片的识别分类，大幅提升检测效率，其核心目标是通过深度学习算法自动识别产品表面缺陷（划痕、裂纹、污渍等），实现缺陷定位→分类→分级→报警的全流程自动化。

AI 视觉质检系统已在浙江、江苏等多地产业聚集区应用，能使得检测效率提升 50 ～ 100 倍，如从人工每分钟检测 10 件提升至 AI 每分钟检测 1000 件。其缺陷识别准确率可达 99% 以上，而漏检率可降低至 0.1% 以下。

AI 视觉质检系统的系统架构如图 4-1 所示。

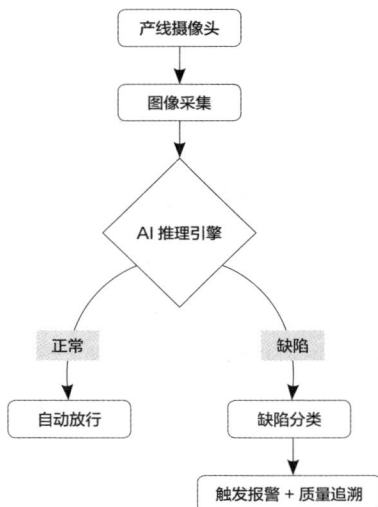

```
产线摄像头
   ↓
图像采集
   ↓
AI 推理引擎
 ↙        ↘
正常      缺陷
 ↓         ↓
自动放行   缺陷分类
            ↓
        触发报警 + 质量追溯
```

图 4-1　AI 视觉质检系统的系统架构

这类系统的应用已经有了比较完善的解决方案和成功案例，不仅能大幅提升检测效率和准确率，还能有效降低企业的运营成本和质量风险，助力企业实现智能化转型和高质量发展。企业可以通过引入 AI 视觉质检系统，结合联合采购法，进一步优化供应链管理，提升整体采购品质。无论是公司内各项目部联合采购，还是企业间跨行业联合，AI 技术的应用都能确保质量信息的实时共享和精准预警，从而降低采购风险，增强企业竞争力。

4.2.2　实时质量监测平台

AI 视觉质检系统通过实时监控和数据共享，确保质量问题及时被发现和解决，符合平等自愿和合法原则，避免了因质量问题引发的纠纷，提升了采购合同的执行效率和企业的整体运营水平。

实时质量监测平台的核心目标是，通过 IoT 传感器与边缘计算设备，在生产过程中实时采集关键质量参数（温度、压力、振动、图像等），结合 AI 模型快速分析并预警异常，实现毫秒级响应→缺陷拦截→工艺优化的闭环管理。

其核心价值，体现在这样三个方面。

（1）实时性：从数据采集到预警响应延迟＜ 100ms。

（2）质量追溯：全流程数据上链，支持秒级质量回溯。

（3）成本优化：减少人工复检 70%，废品率下降 20% ～ 50%。

例如，在原材料存储环节，当传感器检测到仓库湿度超过安全阈值时，系统会立即通知相关人员采取防潮措施，避免原材料受潮影响品质，实现对采购产品全生命周期的动态质量监测。

实时质量监测平台的典型行业应用场景有电子制造、汽车零部件、食品加工等，尤其在精密仪器生产中，平台能实时监测微米级缺陷，确保产品零瑕疵出厂。此外，平台还能通过大数据分析，预测潜在质量风险，提前制定预防措施，进一步提升产品质量和生产效率。

通过这样的平台，企业可实现质量管理的全链路数字化，建议优先在高价值、高缺陷率工序（如焊接、涂布、注塑）中试点，逐步扩展至全产线。

4.2.3　供应商质量预测模型

供应商质量预测模型基于时序分析技术，对供应商的历史质量数据、生产数据、交付数据等进行深度挖掘。其核心目标，是通过历史数据与实时信号，预测供应商未来交付的质量合格率、缺陷率或工艺稳定性，实现风险预警→源头拦截→动态调整的闭环管理。

供应商质量预测模型的核心价值有这样三个。

（1）提前 3 ~ 6 个月预判供应商质量滑坡趋势。

（2）降低质量退货率 20% ~ 50%。

（3）优化供应商切换决策（提前 45 天识别高风险供应商）。

通过分析数据随时间变化的规律和趋势，结合市场环境、原材料供应等外部因素，构建出科学的预测模型。该模型能够提前预测供应商未来的产品质量波动、交付延迟风险等情况，为采购决策提供有力支持。例如，当模型预测到某供应商因原材料价格上涨可能降低产品质量时，企业可提前与供应商沟通协商，或寻找备选供应商，降低采购风险，保障供应链的稳定运行。

例如，某电子制造企业通过该模型预测某供应商的 PCB 板缺陷率将上升，提前采取替代措施，避免了批量退货，确保了生产线的稳定运行。模型的应用不仅提升了供应链的韧性，还促进了供应商的持续改进，形成了良性的合作生态。

通过 PDCA 过程管理方法，采购部门在模型指导下，持续优化供应商评估与反馈机制，确保每轮改进都能精准提升供应商质量。结合实时监测平台数据，形成双管齐下的质量管理体系，进一步巩固供应链稳定性，推动企业整体质量水平持续提升。

4.2.4 智能质量根因分析

智能质量根因分析通过机器学习算法，深入挖掘生产过程中的多维数据，识别出影响产品质量的关键因素，如设备磨损、工艺参数波动等多源数据，并通过机器学习算法对这些数据进行关联分析，快速定位导致质量问题的根本原因。与传统人工排查相比，智能质量根因分析不仅效率更高，还能发现一些隐藏在复杂数据背后的潜在因素。

例如，通过分析发现某批次产品不合格是由于生产设备的某个部件磨损导致工艺参数偏差，从而为企业针对性地解决质量问题提供准确依据，避免类似问题再次发生。

智能质量根因分析的核心要素有三个。

（1）数据层：整合质量数据（缺陷记录）、工艺数据（设备参数）、供应链数据（供应商交期）、环境数据（温湿度）。

（2）分析层：构建因果图谱 + 机器学习模型，区分相关性与因果性。

（3）决策层：生成可落地的改进方案（如调整供应商参数、优化来料检验策略）。

通过这三个层次的协同作用，企业不仅能快速识别和解决当前质量问题，还能预防潜在风险，提升整体生产效率和产品质量。实际应用中，某汽车零部件制造商利用该系统，成功将产品不良率降低了 20%，显著提升了市场竞争力。

4.2.5 采购人员管理

AI 时代，虽然技术手段日益先进，但采购人员的专业素养和敏锐洞察力仍不可或缺。通过 AI 辅助培训与实战演练，采购人员不仅能提升数据分析能力，还能培养对市场动态的敏锐感知，从而在复杂多变的市场环境中做出更为精准的决策，确保采购策略的有效执行。

除此之外，企业应制定明确的绩效考核标准，涵盖工作积极性、供应商监管力度等关键指标，确保采购人员认真对待工作，及时发现并解决供应商问题，从而规避内部管理漏洞带来的采购风险，提升整体供应链的稳定性和效率。

因为采购工作的特殊性和敏感性，采购人员的职业道德也成为采购人员管理的重中之重，企业必须从职业培训、道德管理、组织设置等多维度对采购人员进行管理。

1. 目标管理与职责分层

企业需明确采购人员的具体职责，结合总目标设定分类目标，如成本控制、供应商评估等，形成清晰的职责分层。通过定期沟通与反馈，确保采购人员的工作方向与企业战略目标一致，提升供应链管理的整体效能。

（1）职责分层。

①战略层：供应商开发、成本优化、战略储备。

②执行层：订单交付、质量检验、风险预警。

③支持层：数据分析、流程优化、跨部门协同。

（2）职责矩阵（RACI 模型）。通过 RACI 模型明确各层级的责任与协作关系，确保信息流通与任务高效执行。表 4-1 所示是某企业采购部门的职责矩阵示例。

表 4-1　某企业采购部门的职责矩阵示例

角色	负责	审批	咨询	知悉
采购员	寻源、议价、订单跟踪	供应商选择确认	质量部门（标准确认）	财务部门（付款计划）
采购经理	供应商绩效评估、风险管控	采购策略审批	法务部门（合同审核）	管理层（成本分析）

2. 绩效考核与能力建设

（1）绩效考核。对于采购人员的绩效考核，应结合其职责分层设定具体指标，如质量、成本、交期、合规、创新等。通过量化这些指标，企业能够精确评估采购人员的绩效，并根据评估结果进行针对性的能力建设，提升其在成本控制、品质保障和交期管理等方面的专业能力，确保采购目标的顺利实现。

表 4-2 所示是某企业制定的采购人员绩效考核体系示例。

表 4-2　某企业制定的采购人员绩效考核体系示例

维度	指标（示例）	权重	数据来源
质量	采购缺陷率、供应商质量评分	30%	QMS 系统、供应商评估模型
成本	降本金额、采购价格偏离度	25%	财务系统、比价记录
交期	准时交付率、紧急订单响应时间	20%	ERP 系统、生产计划
合规	合同合规率、廉洁审计结果	15%	合规系统、审计报告
创新	新供应商开发数、替代方案贡献度	10%	供应商数据库、项目文档

（2）能力提升路径。此外，企业还应注重采购人员的能力提升，通过定期组织分层专业培训和引入内部考评机制，确保培训效果。通过模拟实战演练和案例分析，强化采购人员的实战能力，使其在复杂多变的市场环境中游刃有余，进一步提升企业的

供应链管理水平。

①分层培训。对基层采购员来说，要培训其谈判技巧、合同管理、质量工具的应用等。对于中层采购主管，则需强化供应链协同、成本优化及团队管理能力，确保其在协调各方资源、制定采购策略时能高效决策。对采购经理来说，要培训起供应链金融、风险管理、战略采购能力。

②认证体系。可以建立内部采购资格认证，如 CPSM 认证辅导等。

3. 流程标准化与数字化赋能

流程优化。

①通过建立标准化的采购流程，确保各环节高效衔接，减少人为误差，提升整体采购效率。例如，RPA 自动触发供应商资质审核，如 OCR 识别营业执照。再比如，AI 辅助生成比价报告，如历史价格数据匹配等。

②合规管控。通过嵌入式合规检查，如反贿赂条款自动校验，监督采购人员的行为合规性，降低风险。通过区块链存证，关键决策记录不可篡改，确保数据真实可靠。数字化工具的应用，不仅提升了工作效率，还增强了数据的透明度和可验证性，为企业的决策提供了坚实的数据支撑。

③数字化工具推荐。表 4–3 所示是笔者推荐的一些数字化工具，可供参考。

表 4-3　数字化工具推荐

模块	工具名称	功能亮点
流程管理	ServiceNow 采购自动化	全流程线上化 + 自动归档
数据分析	PowerBI 采购看板	实时监控 KPI + 异常预警
知识库	Confluence 采购案例库	标准化模板 + 最佳实践共享

4. 激励机制与团队协作

（1）激励设计。通过设立明确的绩效指标和奖励机制，激发采购团队的工作热情。可以设立短期激励、长期激励、负向约束等机制，确保团队成员目标一致，协同高效。

①短期激励：达成降本目标奖励（如成本降低 1% 提成 2000 元）。

②长期激励：供应商开发贡献积分（积分兑换培训资源或晋升加分）。

③负向约束：质量事故扣减绩效奖金（如重大缺陷按损失金额 5% 追责）。

（2）团队协作机制。通过团队协作平台，实时共享信息，打破部门壁垒，提升沟通效率。定期组织跨部门研讨会，促进知识交流，增强团队凝聚力。

①跨职能协作：采购—质量—研发联合小组（如早期介入新物料选型）。

②知识共享：定期举办"供应商质量复盘会"（分享失效案例与改进方案）。

5. 采购职业道德管理

由于采购工作的特殊性和敏感性，采购人员的职业操守问题让不少企业感到困扰。这些问题不仅影响着企业对外的竞争力，也使企业内部环境不佳，导致企业文化不能良好地延续。这一点，很多时候并不能通过 AI 解决，需结合制度约束和文化建设。

职业操守既是个人问题，也是企业问题。要想解决职业操守问题，从企业角度来看，值得研究的是怎样的采购环境和工作流程制度能够有效控制和杜绝采购人员出现职业操守问题，能够让其更专注于事业的发展和为企业作出贡献。这也是本节要重点分析和探讨的话题。

先来看一个典型的采购人员腐败案例，即常见的"吃回扣"现象。

某大型超市的一名采购经理，因为两度吃回扣，被法院判刑，最终进了监狱。

该采购经理第一次吃回扣是由于垄断毛肚、鸭肠和海白菜的采购。他让老乡垄断了该超市毛肚、鸭肠和海白菜的供应，每月至少收 3000 元的回扣，11 个月内总共收了 4 万多元的回扣。后来，生意不好做，老乡转行。

第二次吃回扣是在活鱼产品的采购上。区县养殖者向超市送活鱼，每 0.5 千克给他 0.5 元的回扣，希望他在审查送到超市的活鱼时手下留情，不要太挑剔，"这样对大家都有好处"。

该采购经理清楚，顾客买鱼肯定要选鲜活的。然而，从区县运到主城，路途遥远，比起就近运输，死鱼比例会很高，快死的也不少。按照规定，死掉的鱼和快要死的鱼都不准进超市。但看在每 0.5 千克鱼有 0.5 元回扣的份上，该经理对不新鲜的鱼睁一只眼闭一只眼，5 个月拿了 1.5 万元回扣。此外，该经理逢年过节还收受供应商的烟酒礼品，最终也被判刑进了监狱。

采购人员的不负责任，甚至腐败，最终将导致企业整体利益的损失。

要预防采购人员腐败，提升采购人员的职业操守，企业就要做好采购职业道德管理。以预防为本、防消结合，构建"不能腐"的采购环境，同时要构建"不敢腐"的严惩机制；还要结合正向激励，正确引导采购人员及采购团队的价值取向，使其通过为企业降本增效获得激励和奖励，让团队和个人的成长发展与企业发展保持同步。

（1）组织层面的规划。

很多企业将采与购的岗位职能进行分离，采只负责选择供应商，确定质量、价格、产能、交付条件等；购只负责向合格供应商下单采购。还有的企业除了将采与购分离，还另外设立了采购分析和采购控制等岗位。

采购分析做专业的数据和市场分析，对采购价格进行审核和建议；采购控制对采与购的工作流程进行监督监控。这样设计的

DeepSeek

采购操作手册

（随书赠阅）

一、为什么你需要 DeepSeek ？

每天早上打开电脑，你是否总感觉时间不够用？邮件要回、报告要写、数据要分析、会议要准备 ... 这些重复性工作正在消耗你宝贵的时间和精力。在这个信息爆炸的时代，普通上班族正面临前所未有的效率挑战。

1 现代职场的高效需求

想象一下这些场景：

老板临时要一份市场分析，但你完全没时间从头研究；

收件箱堆满待回复邮件，每封都要斟酌措辞；

开完会还要花半小时整理会议记录。

这些工作都不难，但会占用你大量时间。调查显示，普通上班族平均每天要花 2 小时处理邮件，1.5 小时参加会议，1 小时整理文档，真正用于核心工作的时间不足 40%。

DeepSeek 能帮你自动完成这些重复劳动。比如市场部的李敏以前准备竞品分析需要 2 天，现在用 DeepSeek 1 小时就能完成初稿；财务主管王姐以前做月度报表要核对一整天，现在 AI 辅助检查 3 小时就能完成。

2 DeepSeek 是什么？

DeepSeek 是一个智能 AI 助手，就像你 24 小时在线的"数字同事"。它主要有三大功能：

（1）智能问答：从"如何写辞职信"到"最新财税政策解读"，都能给出专业回答。比如你可以问："帮我用专业但友好的语气写一封推荐新产品的邮件"，10秒就能得到完整内容。

（2）文档处理：能阅读PDF、Word、Excel等文件，帮你总结、改写或提取关键信息。比如上传一份20页的报告，让它提炼出3个核心观点。

（3）内容创作：可以快速生成邮件、报告、PPT大纲等。比如输入"帮我写一份清晰的工作周报"，立即就能得到结构完整的初稿。

3 本文能带给你什么

本指南将从最基础的注册开始，手把手教你使用DeepSeek。学完后你将能够：

（1）用AI处理日常文书工作，比如自动写邮件、生成报告

（2）快速完成数据分析，比如让AI帮你发现销售数据趋势

（3）即时获取专业知识，比如查询最新行业动态

无论你是刚入职的新人，还是资深专业人士，都能找到适合自己的应用场景。比如：

（1）行政人员可以用它自动整理会议记录；

（2）销售人员可以用它生成客户提案；

（3）财务人员可以用它处理报表数据。

4. 真实使用案例

让我们看几个真实案例：

（1）市场专员小张以前准备竞品分析需要2天，现在用DeepSeek 1小时就能完成初稿，效率提升80%。

（2）HR小李以前筛选100份简历要一整天，现在用AI辅助，2小时就能完成初步筛选。

（3）项目经理老王每周要花4小时写项目报告，现在用DeepSeek生成初稿，只需1小时修改完善。

这些案例证明，DeepSeek确实能帮助普通上班族大幅提升工作效率。在接下来的章节中，我们将详细介绍如何注册和使用这个强大的工具，让你的工作变得更轻松高效。

二、DeepSeek 基础入门：注册与界面介绍

1 如何注册 DeepSeek 账号

使用 DeepSeek 的第一步是注册账号，整个过程非常简单，只需要 2 分钟。目前 DeepSeek 提供网页版和手机 APP 两种使用方式。

（1）网页版注册

打开浏览器访问 DeepSeek 官网，点击右上角的"注册"按钮。你可以选择用手机号注册，或者直接使用微信、QQ 等第三方账号快速登录。注册完成后，系统会发送验证码到你的手机，输入验证码即可完成验证。

（2）APP 下载安装

在手机应用商店搜索"DeepSeek"，下载安装官方 APP。安装完成后打开应用，注册流程与网页版相同。建议上班族都安装手机 APP，这样随时随地都能使用。

小提示：首次注册后会赠送一定量的免费试用额度，足够你体验基础功能。如果需要更强大的功能，可以后续选择适合的付费套餐。

2 主界面功能概览

成功登录后，你会看到 DeepSeek 简洁明了的主界面。主要分为三个功能区：

我是 DeepSeek，很高兴见到你！

我可以帮你写代码、读文件、写作各种创意内容，请把你的任务交给我吧~

给 DeepSeek 发送消息

⊠ 深度思考 (R1)   ⊕ 联网搜索   📎 ↑

（1）聊天对话区

这是最核心的功能区域，你可以在这里输入问题或指令，DeepSeek 会即时给出回答。比如输入"如何写工作周报"，就能获得详细的写作建议。

（2）文件上传区

点击"+"按钮，可以上传 PDF、Word、Excel 等文件让 AI 处理。例如上传一份会议记录 PDF，让 AI 帮你总结重点。

（3）历史记录区

这里保存了你所有的对话记录，方便随时查阅之前的问答内容。点击任意历史记录就能快速回到当时的对话。

❸ 个性化设置

为了让 DeepSeek 更符合你的使用习惯，建议进行一些基础设置：

（1）语言偏好设置

在账户设置中可以选择使用简体中文或英文界面。

6

建议选择"简体中文"，这样 AI 的回答会更符合中文表达习惯。

（2）主题切换

提供白天和夜间两种显示模式，长时间使用时可以切换成护眼的暗色主题。

（3）常用指令保存

对于经常使用的指令，比如"写周报"、"总结会议记录"等，可以保存为快捷指令，下次使用时一键调用。

4 常见问题解答

新手使用时可能会遇到一些小问题，这里列举几个常见情况及解决方法：

（1）登录失败

检查网络连接是否正常，如果使用手机号注册，确认输入的验证码是否正确。也可以尝试切换 WiFi/ 移动数据。

（2）文件上传失败

确保文件大小不超过限制（通常 100MB 以内），格式为支持的 PDF、Word、Excel 等。如果还是失败，可以尝试重新上传。

（3）回答不准确

尝试更清楚地表达你的问题，或者提供更多背景信息。比如把"帮我写报告"改成"帮我写一份关于第二季度销售情况的报告"。

现在你已经完成了 DeepSeek 的基础设置，下一章我们将重点介绍如何用它来处理日常工作信息，让你的效率得到质的提升。建议你先试着上传一份简单的文档，或者问一个工作相关的问题，亲身体验一下 AI 助手的强大功能。

三、高效信息处理：用 DeepSeek 快速获取知识

■1 精准搜索技巧

在工作中，我们经常需要快速查找各种信息。DeepSeek 的智能搜索功能比传统搜索引擎更高效，关键在于掌握提问技巧。

（1）明确你的需求

不要问"市场分析怎么做"，而是问"如何做一份关于新能源汽车行业的市场分析报告"。越具体的问题，得到的回答越实用。

（2）使用场景化提问

比如："我要向老板汇报项目进度，需要包含哪些关键数据？"DeepSeek 会根据汇报场景给出针对性建议。

（3）要求结构化回答

可以加上"请分点列出"、"用表格形式展示"等要求。例如："请分三点说明提高工作效率的方法"。

■2 整理与总结长文档

处理长篇报告、会议记录是很多上班族的痛点。DeepSeek 可以快速提炼关键信息。

（1）上传文档自动总结

将会议记录 PDF 拖入对话框，输入"请总结本次会议的三个关键决议"，30 秒就能得到清晰摘要。

（2）重点内容提取

对调研报告说："提取关于市场趋势的五个重要数据"，AI会帮你标出核心数字。

（3）生成执行清单

输入"根据这份项目计划书，列出我本周需要完成的任务"，立即获得待办事项列表。

③ 行业数据分析

（1）快速获取行业动态

问："最近三个月人工智能行业有哪些重要发展？"，DeepSeek会整理最新资讯。

（2）竞品分析支持

输入"请分析A公司和B公司的主要产品差异"，获得对比表格。

（3）趋势预测

提问："根据近两年数据，预测下季度销售趋势"，AI会结合历史数据给出专业判断。

④ 知识库管理

（1）重要回答收藏

遇到有价值的回答，点击收藏按钮建立个人知识库。

（2）分类整理

创建不同文件夹，如"市场资料"、"产品知识"等，方便后续查找。

（3）定期回顾

设置每周提醒，复习收藏的重要内容，加深记忆。

5 避免信息过载

（1）设置信息过滤

告诉 AI："只需要提供近两年的数据"，避免过多历史信息干扰。

（2）要求精简回答

在问题后加上"请用 200 字以内回答"，获得简洁明了的回复。

（3）分阶段获取

复杂问题可以拆解，先问框架再问细节，避免一次性信息过多。

实际案例：市场专员小王需要准备行业报告。以前要花 3 天查阅资料，现在用 DeepSeek：

（1）先问"2023 年智能手机行业三大趋势"；

（2）再要求"用表格对比主要品牌市场份额"；

（3）最后"总结成 500 字的汇报要点"；

（4）整个过程只需 2 小时，效率提升 80%。

记住，DeepSeek 就像一位专业的研究助理，你问得越清楚，它回答得越精准。下一章我们将重点介绍如何用 AI 自动化处理办公文档，让你彻底告别重复性文书工作。

四、智能写作助手：提升文案与沟通效率

1 商务邮件优化

职场邮件是每天都要面对的沟通工具，但写出得体专业的邮件并不容易。DeepSeek 可以帮助你快速完成高质量的邮件写作。

（1）自动生成邮件初稿

遇到需要写邮件时，只需简单描述需求：

"请帮我写一封跟进客户会议的邮件，语气专业但友好，询问项目进展并提议下周再次沟通的时间"

（2）邮件语气调整

同一封邮件可以要求不同风格：

"请将这封邮件的语气调整为更正式 / 更亲切 / 更简洁"

AI 会根据你的需求调整用词和句式。

（3）多语言邮件支持

需要写英文邮件时：

"请将这封中文邮件翻译成专业的商务英语邮件"

销售代表林先生的实用案例：过去每封重要客户邮件都要反复修改，现在用 DeepSeek 生成初稿后再微调，邮件撰写时间从 20 分钟缩短到 5 分钟。

2 工作报告与提案撰写

无论是日常工作报告还是重要项目提案，DeepSeek

都能提供专业的写作支持。

（1）结构化框架生成

输入简单主题就能获得完整框架：

"请为'新产品市场推广方案'制作包含市场分析、目标群体、推广策略、预算分配等部分的提案框架"

（2）内容细节补充

有了框架后可以继续完善：

"请为'推广策略'部分补充 3 个具体的执行方案，每个方案不超过 200 字"

（3）数据可视化描述

对于包含数据的部分：

"请用通俗易懂的语言解释这份销售数据图表的主要发现"

市场总监王女士的使用心得：过去准备重要提案需要团队协作 3 天，现在用 DeepSeek 生成初稿后团队讨论修改，整体效率提升 60%。

3 社交媒体文案创作

在新媒体时代，吸引眼球的社交媒体文案成为必备技能。DeepSeek 可以帮助你快速产出优质内容。

（1）多平台适配

根据不同平台特点生成文案：

"请为这款新产品创作适合微信朋友圈、微博和小红书三个平台的推广文案，每篇不超过 100 字"

（2）热点借势创作

结合时事热点：

"请结合最近的环保热点，为我们的可降解产品创作3条社交媒体文案"

（3）多风格尝试

可以要求不同风格的文案：

"请为同一款产品创作正式版、幽默版和走心版三种风格的文案"

新媒体运营小张的实战经验：过去每天创作10条文案要花4小时，现在用DeepSeek辅助，2小时就能完成，互动率还提升了30%。

4 合同与法律文书

专业的法律文书要求严谨准确的表述，DeepSeek可以提供可靠的辅助。

（1）基础条款生成

输入关键信息就能获得专业文本：

"请起草一份房屋租赁合同，包含租金、租期、维修责任等基本条款"

（2）文书审核优化

将已有合同交给AI检查：

"请检查这份合同中的模糊表述，并提出更专业的修改建议"

（3）多版本管理

需要不同版本时：

"请根据这份主合同，分别生成简版和详细版两个版本"

法务助理陈小姐的使用技巧：现在处理常规合同初稿的时间缩短了70%，可以更专注处理复杂的法律问题。

5 技术文档与操作指南

清晰易懂的技术文档能大幅提升工作效率，DeepSeek可以帮助你轻松完成。

（1）流程文档编写

描述操作过程就能获得规范文档：

"请将这份软件安装流程整理成标准的操作指南，包含准备事项、安装步骤和常见问题"

（2）术语解释

让技术语言更易懂：

"请用非技术语言解释这个网络配置参数的作用"

（3）多格式输出

需要不同格式时：

"请将这份操作指南同时转换成Word文档和Markdown格式"

IT支持工程师老李的实用案例：过去编写一份系统操作手册要一周时间，现在用DeepSeek辅助，2天就能完成，用户反馈更易理解。

6 个性化写作风格培养

DeepSeek还可以帮助你发展和保持自己的写作风格。

（1）风格分析

上传你的代表性文档：

"请分析我这几篇文章的写作风格特点"

（2）风格模仿

需要保持风格一致时：

"请按照我平时的写作风格，完成这篇未写完的报告"

（3）风格转换

尝试不同风格：

"请将我这段文字改写成更生动活泼的风格"

专栏作家吴女士的经验分享：使用 DeepSeek 分析自己的写作特点后，她能够更稳定地保持专栏文章的风格一致性，读者反馈明显提升。

通过本章介绍的各种写作辅助功能，你可以大幅提升各类职场文案的撰写效率和质量。下一章我们将探讨如何用 DeepSeek 优化会议和时间管理，让你的工作日程更加高效有序。

五、会议与时间管理：让 AI 成为你的私人秘书

❶ 会议全流程智能化管理

会议是职场中最耗时的活动之一。DeepSeek 可以帮你实现从会前准备到会后跟进的全流程智能化管理。

（1）智能议程生成

输入简单的会议主题，AI 就能帮你规划完整议程：

"请为'第三季度销售策略讨论会'制作一个 90 分钟的会议议程，包含市场分析、目标设定和行动计划三个主要环节"

（2）自动会议记录

会议进行时，可以实时录音并上传，会后输入：

"请将这段会议录音整理成正式会议纪要，突出关键决策和行动项"

（3）任务自动分配

会议结束后，让 AI 帮你明确责任：

"请从会议记录中提取所有行动项，并标明负责人和截止日期"

项目经理张先生的实用案例：过去组织一次跨部门会议要花费 3 小时准备和跟进，现在用 DeepSeek 辅助，全程只需 1 小时，会议效率提升 50%。

② 智能日程规划

合理的时间规划是高效工作的基础。DeepSeek 可以成为你的智能日程管家。

（1）待办事项优化

列出你的任务清单，让 AI 帮你优化：

"请帮我将以下 10 项工作按优先级排序，并建议今日最佳完成顺序"

（2）会议时间建议

需要安排会议时：

"请根据我和王总监、李经理三个人的日历，找出下周都有空的 2 小时时间段"

（3）日程平衡分析

定期让 AI 检查你的日程健康度：

"请分析我上周的时间分配情况，指出哪些类型的活动占比过高"

行政主管林女士的使用心得：过去每天要花 30 分钟规划日程，现在用 DeepSeek 的智能建议，5 分钟就能安排好一天工作，时间利用率提高 40%。

③ 邮件与沟通管理

日常沟通占据了大量工作时间。DeepSeek 可以帮助你高效处理各类工作沟通。

（1）重要信息提取

面对大量沟通记录时：

"请从这 20 封往来邮件中，提取关于项目 A 的所有关键决策点"

（2）沟通模板生成

针对常见场景：

"请制作 5 个不同场景下的标准沟通话术模板"

（3）沟通效率分析

定期优化沟通方式：

"请分析我上周的邮件，指出哪些可以更简洁"

客户经理陈先生的实战经验：使用 DeepSeek 优化沟通方式后，他每天节省了 1 小时的邮件处理时间，客户响应速度也大幅提升。

4 任务执行与跟进

确保重要工作不遗漏是职场人士的基本功。DeepSeek 可以成为你的智能任务管家。

（1）任务分解

面对复杂项目时：

"请将这个市场推广项目分解为具体的可执行任务"

（2）进度跟踪

定期更新任务状态：

"请根据我提供的进度更新，重新调整剩余任务的优先级"

（3）风险预警

让 AI 帮你提前发现问题：

"请分析当前项目进度，预测可能出现的延误风险"

产品总监王女士的使用技巧：现在管理 5 个并行项目时，用 DeepSeek 的任务跟踪功能，再也不会遗漏重要节点，项目按时完成率提升 35%。

5 **专注力管理**

保持高效工作需要良好的专注力。DeepSeek 可以帮助你优化工作节奏。

（1）专注时段建议

根据你的工作习惯：

"请根据我过去一周的工作记录，建议最适合深度专注的时间段"

（2）休息提醒

设置智能提醒：

"请每隔 90 分钟提醒我休息 5 分钟，并建议简单的放松活动"

（3）干扰因素分析

找出影响效率的原因：

"请分析我今天的工作中断情况，指出主要干扰来源"

程序员小张的实用经验：使用 DeepSeek 的专注力管理建议后，他的编码效率提升了 25%，加班时间减少了 40%。

6 **工作周报自动化**

周报是很多职场人士的例行工作。DeepSeek 可以让这个过程变得轻松高效。

（1）数据自动汇总

整合多个数据源：

"请将我本周的销售数据、客户拜访记录和项目进度整合成周报初稿"

（2）亮点提炼

突出重要成果：

"请从我本周的工作记录中，提炼 3 个最重要的成果"

（3）下周计划生成

基于当前进展：

"请根据本周完成情况，制定下周的工作计划框架"

部门主管刘先生的案例分享：过去写周报要花 2 小时，现在用 DeepSeek 自动生成初稿后微调，20 分钟就能完成，还能确保不遗漏重要内容。

通过本章介绍的智能会议和时间管理技巧，你可以将 DeepSeek 变成得力的工作助手，大幅提升日常工作效率。下一章我们将探讨如何用 AI 处理数据分析工作，即使不懂技术也能获得专业的数据洞察。

六、数据分析与可视化：不懂编程也能用 AI

◼ 基础数据处理技巧

Excel 是职场中最常用的数据分析工具，但很多复杂功能让非专业人士望而却步。DeepSeek 可以让数据分析变得简单。

（1）数据清洗自动化

上传原始数据表格后：

"请检查这份销售数据表中的缺失值和异常值，并提出处理建议"

AI 会自动识别问题数据，并给出专业处理方案。

（2）常用公式生成

不懂复杂公式也没关系：

"请写一个 Excel 公式，计算各地区销售额的月环比增长率，结果以百分比显示"

DeepSeek 会给出可直接复制的完整公式。

（3）数据分类汇总

需要统计数据时：

"请按产品类别和地区两个维度，汇总这份销售数据的总金额和平均单价"

AI 会自动生成清晰的数据透视表。

财务助理小王的实用案例：过去处理月度销售报表要手动核对上千行数据，现在用 DeepSeek 辅助，工作时间从 8 小时缩短到 2 小时，准确率还更高了。

2 智能数据分析

DeepSeek 可以帮助你从数据中发现有价值的业务洞察。

（1）趋势分析

上传时间序列数据：

"请分析过去 12 个月的销售数据，指出主要的趋势特征和季节性规律"

AI 会识别出增长趋势、波动周期等关键模式。

（2）异常点检测

担心数据有问题时：

"请检查这份质量检测数据，标记出所有超出正常范围的异常值"

DeepSeek 会用专业统计方法识别真正异常。

（3）相关性分析

想了解因素间关系：

"请分析客户满意度评分与售后服务响应时间之间是否存在相关性"

AI 会计算相关系数并解释业务意义。

市场分析师张女士的使用心得：过去做数据分析要依赖 IT 部门，现在用 DeepSeek 可以自主完成 80% 的常规分析，决策速度大幅提升。

3 专业可视化呈现

数据可视化是呈现分析结果的关键。DeepSeek 可以帮你选择最合适的图表形式。

（1）图表类型推荐

不确定如何展示数据：

"这份包含产品、区域、销售额三个维度的数据，最适合用什么图表呈现？"

AI 会根据数据特征推荐柱状图、热力图等多种方案。

（2）图表制作指导

需要具体操作步骤：

"请给出在 Excel 中制作这个销售趋势折线图的详细步骤"

DeepSeek 会提供从数据准备到格式调整的完整指南。

（3）动态看板建议

要做复杂看板时：

"请设计一个包含销售趋势、区域分布和产品构成的交互式仪表板架构"

AI 会建议合理的布局和联动逻辑。

销售总监陈先生的实战经验：过去向管理层汇报要用 3 天准备数据图表，现在用 DeepSeek 辅助，1 天就能完成专业级的可视化报告。

4 预测与决策支持

DeepSeek 还能基于历史数据提供预测性分析，辅助业务决策。

（1）销售预测

输入历史数据：

"请根据过去 3 年的销售数据，预测下个季度的销售额，并给出预测依据"

AI 会建立预测模型并说明关键影响因素。

（2）库存优化

管理库存时：

"请分析过去一年的产品销售节奏，建议各类产品的最佳库存水平"

DeepSeek 会考虑季节性、周转率等多重因素。

（3）风险评估

面对不确定性：

"请基于市场变化趋势，评估我们新产品上市的 3 个主要风险点"

AI 会结合行业数据和业务逻辑提供专业分析。

运营经理林女士的案例分享：使用 DeepSeek 的预测功能后，她的库存决策准确率提高了 30%，滞销库存减少了 45%。

5 专业报告自动生成

将数据分析结果转化为专业报告是很多人的痛点。DeepSeek 可以一键生成完整报告。

（1）分析报告框架

不确定报告结构时：

"请为这份销售数据分析设计一个 10 页的报告框架，包含关键发现和建议"

AI 会提供逻辑清晰的专业框架。

（2）数据解读辅助

看不懂分析结果：

"请用通俗易懂的语言解释这个回归分析的主要结论"

DeepSeek会把技术术语转化为业务语言。

（3）多版本输出

需要不同版本时：

"请根据同一份数据，分别准备给高管的技术版和给部门的简版报告"

AI会自动调整内容的专业深度。

数据分析师老刘的使用技巧：现在90%的常规报告都能用DeepSeek生成初稿，他只需专注处理最关键的20%深度分析。

通过本章介绍的数据分析技巧，即使没有任何编程基础，你也能轻松完成专业级的数据处理工作。下一章我们将探讨如何用DeepSeek突破语言障碍，在国际业务中游刃有余。

七、跨语言工作：翻译与国际业务支持

1 高质量实时翻译

在国际商务环境中，语言障碍常常成为沟通的绊脚石。DeepSeek 的实时翻译功能可以帮你轻松跨越这道鸿沟。

（1）多语言即时互译

无论是邮件、文件还是即时消息，都可以快速翻译：

"请将这份中文产品说明翻译成英文，保持专业术语准确"

"将收到的日文询价邮件翻译成中文，重点标注客户的具体需求"

（2）语境适配翻译

不同于普通翻译软件的字面转换，DeepSeek 能理解上下文：

"请将这段商务对话翻译成英文，使用适合跨国企业沟通的正式语气"

AI 会调整用词和句式，确保翻译结果符合商务场景。

（3）专业领域优化

针对特定行业提供精准翻译：

"将这份医疗器械的技术文档从英文翻译成中文，

确保医学术语准确"

DeepSeek 会采用行业标准术语，避免常见翻译错误。

外贸专员李小姐的实战案例：过去处理英文邮件要反复查词典，现在用 DeepSeek 实时翻译，沟通效率提升 3 倍，客户响应速度明显加快。

② 外贸邮件与合同润色

国际商务文件需要符合目标语言的表达习惯和专业要求。DeepSeek 可以帮你产出地道的商务文本。

（1）邮件语气优化

让商务邮件更符合国际惯例：

"请将这封中文商务邮件改写成地道的英文版本，语气专业但友好"

AI 会调整句式结构，使用更符合英语习惯的表达。

（2）合同条款精准转换

法律文件翻译需要特别谨慎：

"请将这份中文采购合同翻译成英文版本，特别注意付款条款和违约责任部分的准确性"

DeepSeek 会保持法律术语的严谨性，避免歧义。

（3）多版本管理

需要不同语言版本时：

"请以这份中文合同为基础，同步生成英文和日文版本"

AI 会确保多语言版本内容一致，避免翻译偏差。

国际业务主管王总的经验分享：过去重要合同翻译要外包给专业公司，现在用 DeepSeek 完成初稿后只需请律师简单复核，成本降低 60%，周期缩短 80%。

3 海外市场调研

开拓国际市场需要快速获取和分析外文资料。DeepSeek 可以帮你突破语言限制。

（1）外文资料速读

面对大量外文信息时：

"请总结这篇 20 页的英文行业报告的核心观点，用中文列出 5 个关键发现"

AI 会快速提取核心内容，节省阅读时间。

（2）竞品信息收集

了解国外竞争对手：

"请从这 10 篇英文新闻报道中，提取 A 公司最新产品的技术特点和市场定位"

DeepSeek 会整理出结构化的竞品分析。

（3）趋势报告生成

综合多语言信息源：

"请基于最近三个月的中英日韩媒体报道，分析东南亚市场的消费趋势变化"

AI 会整合不同语言的信息，形成完整洞察。

市场调研经理张女士的使用心得：过去做国际市场分析要依赖翻译公司，现在用 DeepSeek 可以直接处理多语言资料，调研周期缩短 50%，成本降低 70%。

4 跨文化沟通建议

在国际商务中，语言只是基础，文化差异才是更大的挑战。DeepSeek可以提供专业的跨文化指导。

（1）商务礼仪建议

准备国际会议时：

"下周将与德国客户进行视频会议，请提供需要注意的商务礼仪和文化差异"

AI会列出具体的行为建议，从时间观念到沟通风格。

（2）文化禁忌提醒

避免无意冒犯：

"在给中东客户的新年贺信中，有哪些需要特别注意的文化禁忌？"

DeepSeek会指出可能敏感的话题和表达方式。

（3）谈判策略优化

应对文化差异：

"与日本客户谈判时，有哪些不同于欧美客户的沟通技巧？"

AI会分析不同文化背景下的谈判特点，提供实用建议。

国际业务发展总监陈先生的实战经验：使用DeepSeek的跨文化建议后，他与亚洲客户的谈判成功率提升了40%，项目推进更加顺利。

通过本章介绍的多语言工作技巧，你可以轻松应对国际业务中的语言和文化挑战。下一章我们将探讨如何用 DeepSeek 进行个性化学习与技能提升，持续增强你的职场竞争力。

八、总结：开启你的高效职场新时代

■ 核心功能场景回顾

经过前面章节的学习，相信你已经对 DeepSeek 的强大功能有了全面了解。让我们回顾几个最具代表性的应用场景，帮助你找到最适合自己的切入点。

（1）文档处理类工作

如果你每天要处理大量文书工作，可以优先尝试会议纪要自动生成、报告快速撰写、邮件智能优化等功能。行政助理小周就是通过自动会议记录功能，每周节省了 5 小时文书工作时间。

（2）数据分析任务

需要处理报表、分析数据的职场人士，可以重点使用数据清洗、可视化分析、趋势预测等功能。市场分析师王先生借助数据透视功能，将月度市场分析报告的制作时间缩短了 60%。

（3）跨部门沟通协作

经常需要跨团队协作的职场人士，可以尝试多语言翻译、沟通话术优化、项目进度自动跟踪等功能。项目经理李女士使用团队协作功能后，项目沟通效率提升了40%。

■ 制定个人使用计划

要让 DeepSeek 真正发挥价值，建议你制定一个循序渐进的实施计划。

（1）从痛点入手

先列出你最耗时的 3 项日常工作，比如：

- 每周五的部门周报
- 每日客户邮件回复
- 月度销售数据分析

（2）分阶段实施

建议的 3 个实施阶段：

第一阶段（1–2 周）：掌握 1–2 个核心功能

第二阶段（3–4 周）：扩展到常用工作场景

第三阶段（5–6 周）：实现深度工作流整合

（3）效果评估优化

每月进行一次使用效果评估：

- 记录节省的时间
- 分析质量提升情况
- 调整使用策略

人力资源总监张先生的实施经验：他先用 2 周时间熟练掌握招聘简历筛选功能，然后逐步扩展到员工培训方案制定，6 个月后整个 HR 部门的工作效率提升了 55%。

3 未来 AI 办公趋势展望

随着 AI 技术的快速发展，未来的工作方式将发生深刻变革。

（1）深度工作流整合

AI 将深度嵌入各类办公软件，实现真正的智能办公套件。比如在 Word 中直接调用 AI 辅助写作，在 Excel 中一键生成数据分析。

（2）个性化工作助手

AI 助手将越来越了解个人工作习惯，能够主动提供协助。比如自动识别你的工作节奏，在最需要的时候提供支持。

（3）人机协作新模式

人类负责创意和决策，AI 处理执行和优化，形成高效的人机协作模式。就像设计师专注创意构思，AI 负责处理技术实现。

数字化转型专家预测：未来 3 年内，AI 助手将帮助职场人士节省 40% 以上的例行工作时间，让人们可以更专注于创造性的工作。

4 分享你的成功案例

现在，我们邀请你成为 AI 高效办公的实践者和传播者。

（1）记录你的改变

在使用 DeepSeek 的过程中，建议你：

- 记录每个功能节省的时间
- 收集质量提升的证据
- 拍摄前后对比的工作场景

（2）与同事分享经验

可以组织小型分享会：

- 演示你最常用的 3 个功能
- 分享具体的使用技巧

- 解答同事的使用疑问

（3）参与社区互动

加入 DeepSeek 用户社区：

- 分享你的创新用法
- 学习他人的经验
- 共同推动产品优化

市场部团队的成功故事：在部门内部分享 AI 使用经验后，整个团队的工作效率在 3 个月内整体提升了35%，还获得了公司的创新奖励。

通过本指南的系统学习，你已经掌握了使用 DeepSeek 提升工作效率的核心方法。记住，AI 不是要取代你的工作，而是要让你从繁琐的重复劳动中解放出来，把更多精力投入到真正需要人类智慧的工作中。现在就开始你的 AI 高效办公之旅吧！

好处是各岗位之间既互相支持又互相监督,可以避免因一岗到底、一人说了算的局面而造成的采购腐败。

(2)制度层面的规划。

①签订协议。凡是与公司建立合作关系的供应商都需要和公司签订《采购廉洁协议》和《商业保密协议》;采购岗位的相关人员上岗前也要与公司签订《采购廉洁协议》和《商业保密协议》。这样做目的是明确公司的底线和红线,增强采购人员和供应商的法律意识和道德意识。

《采购廉洁协议》是甲方公司(泛指采购方)和乙方公司(泛指供应商)之间关于廉洁商务往来的协定,其中也包括规范采购人员的所有采购行为的廉洁条款及相关法律支持的条款。

例如,"若未向甲方公司报备,甲方工作人员不得擅自参加任何可能影响公正履行职务的乙方任何人举办的公开的或私下的宴请和娱乐活动。"

"乙方及其工作人员不得为谋取不正当利益擅自与甲方工作人员就供应关系的各项相关事项进行私下商谈或达成约定。"

"甲方工作人员不得以任何形式向乙方及其工作人员索要或收受各种名义的回扣、手续费等。"

②留痕管理制度。留痕管理的目的在于保证采购流程的每个节点都具有可追溯性。留痕管理的基本理念是严格按照规定去做,严格按照行动进行记录。尤其是记录,应该涵盖工作的每个关键节点和流程。

在数字化采购和 ERP 系统逐渐普及、完善的今天，很多企业的采购环节实现了线上采购和采购功能自动化。数字化采购是目前解决留痕管理问题的有效手段，它使每一个操作都有记录、可追溯、不可篡改，避免了人为主观因素对制度流程的篡改造成的失真影响。因此，越来越多的企业开始重视数字化采购在企业采购过程中的应用。

（3）流程层面的规划。

组织、制度设立合理完善后想要落地，就要依靠流程。流程是保证制度、措施有效落地的决定性因素，企业想要避免采购腐败，就要重视流程设计并不断优化。好的采购流程既能保证效率又能防控风险。在流程设计中，企业通过关键节点的设计和流程路线的优化能够达到上述目的。

从供应商评审、供应商引进，到打样试样、采购订单，再到接收入库、付款核销，每一项工作都要有明确的流程。采购人员应知道行动标准、行动关键点所在以及如何记录每一步的操作，尤其应了解需要完成哪些审批步骤才能流转和变更或进行下一步工作。这样，流程才能保证端到端的全覆盖。

（4）绩效层面的规划。

企业要求什么、鼓励什么，就应该倡导什么、考核什么。道德管理的相关指标不仅要列入采购人员的绩效考核，同样要运用到供应商的绩效评估中。

这样，供应商就能很明确地知道可为和不可为的界限，再对其进行管理就相对简单，人情方面的影响因素就能够最小化。但另一方面，供应商绩效评估的要点在于评估指标尽量客观、可量化，主观因素应尽可能少。只有这样，评估结果才能让供应商信服，企业也才能将供应商管理有效地进行下去。

（5）文化层面零容忍。

企业文化对采购腐败的零容忍是所有层面中最关键的环节，也是最有震慑力的环节。因此，企业的文化构建要具有清晰的价值导向。企业文化对采购腐败行为和环境的零容忍才是一切变革和改善的有力支持。

第五章

AI 驱动的订单与交期管理

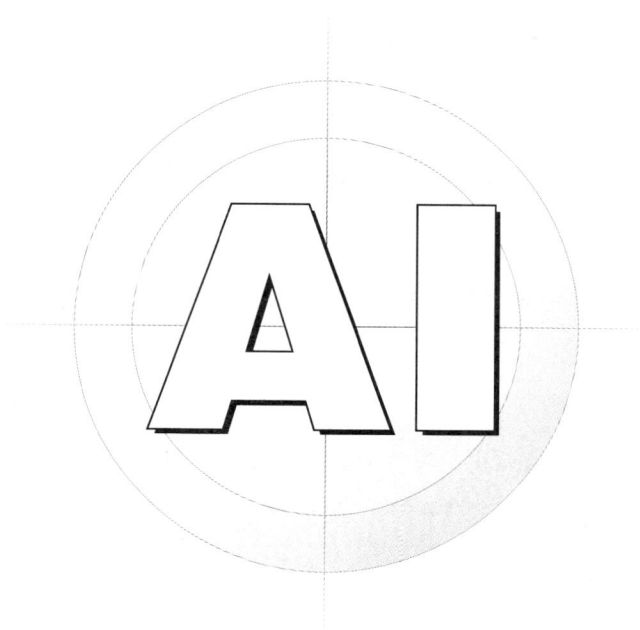

5.1　采购订单与交期管理痛点聚焦

在企业的供应链管理体系中,采购订单与交期管理是保障生产连续性和客户满意度的关键环节。然而,当前企业在这一领域普遍面临诸多挑战,订单处理延迟、紧急订单响应迟缓以及交期延误造成的损失等问题,严重影响企业运营效率与经济效益。AI 技术的引入,通过实时监控订单状态和交期进度,精准预测潜在延误风险,及时触发预警机制。采购人员可依据系统提示,迅速与供应商沟通,采取补救措施,确保物料按时到货,降低交期延误对企业生产的负面影响。

5.1.1　订单处理延迟导致交付延误率 23%

订单处理作为采购流程的起始环节,其效率直接决定后续交付环节的时效性。调研数据显示,企业因订单处理延迟导致的交付延误率高达 23%。这一现象背后,隐藏着复杂的流程与管理问题。

从流程角度来看,传统的订单处理往往涉及多个部门和层级的审批,如采购部门提交订单、财务部门审核预算、管理层进行最终审批等。各环节之间缺乏高效协同,信息传递不畅,容易出现审批积压、等待时间过长等情况。

例如，某制造企业在处理原材料采购订单时，由于财务部门对预算审核流程烦琐，平均每个订单在财务审批环节就耗费 2—3 个工作日，导致订单无法及时下达给供应商，最终影响生产进度。此外，订单处理过程中还存在数据录入错误、信息更新不及时等问题，进一步加剧了处理延迟。

在技术应用方面，部分企业仍采用人工操作和纸质单据流转的方式，缺乏信息化系统的支持。人工录入订单信息不仅效率低下，而且容易出现错漏，一旦出现错误，又需要耗费大量时间进行核对和修正。相比之下，采用数字化采购管理系统的企业，能够实现订单的自动生成、审批流程的自动化流转以及信息的实时共享，大大缩短订单处理时间。而未实现数字化转型的企业，在订单处理速度上明显落后，交付延误率也随之升高。

交付延误不仅影响企业内部生产计划的执行，打乱生产节奏，增加生产成本，还会导致对客户的违约，损害企业信誉。客户可能会因此减少订单甚至终止合作，对企业的市场份额和长期发展造成严重冲击。

5.1.2 紧急订单响应速度慢

在市场竞争日益激烈的今天，企业面临的需求变化更加频繁，紧急订单的出现难以避免。然而，当前企业在紧急订单响应方面表现不佳，响应速度比正常订单慢，暴露出供应链管理的灵活性和敏捷性不足。

紧急订单响应速度慢的首要原因是企业内部资源调配困难。紧急订单往往需要在短时间内完成原材料采购、生产安排等工作，这对企业的人力、物力和财力资源提出了更高要求。但由于企业在日常运营中缺乏对资源的合理规划和储备，当紧急订单来临时，无法迅速调配足够的资源。

例如，某服装企业接到一个紧急的大额订单，需要在一周内交付，但由于原材料库存不足，且供应商无法及时供货，企业不得不花费大量时间寻找新的供应商，导致订单生产延迟，错过交付期限。

其次，企业与供应商之间的协同机制不完善也是重要因素。紧急订单的快速处理需要供应商的积极配合，包括快速报价、优先排产、加急配送等。但很多企业与供应商之间缺乏紧密的合作关系和有效的沟通渠道，在面对紧急订单时，无法及时将需求传递给供应商，供应商也难以迅速做出响应。

此外，供应商自身的生产能力和交付能力也会影响紧急订单的响应速度。如果供应商产能饱和或物流配送能力有限，即使企业提出紧急需求，也无法得到及时满足。

紧急订单响应速度慢，不仅会导致企业错失市场机会，还会增加企业的运营成本。为了赶工完成紧急订单，企业可能需要支付高额的加急费用，如原材料溢价采购、工人加班工资等。同时，由于时间紧迫，生产过程中还可能出现质量问题，进一步增加成本和风险。

5.1.3 交期延误损失年均超百万元

交期延误对企业造成的经济损失不容小觑，据统计，很多企业因交期延误造成的年均损失超过百万元。这些损失涵盖多个方面，严重影响企业的盈利能力和可持续发展。其中包括因延误导致的订单取消、客户赔偿金、库存积压成本以及信誉损失等。长期下来，企业不仅面临财务压力，还可能失去市场竞争力，影响品牌形象和客户忠诚度。

直接经济损失方面，交期延误可能导致企业需要向客户支付违约金。根据合同约定，企业未能按时交付产品或服务，需要按照一定比例向客户支付违约金，这直接减少了企业的利润。

此外，交期延误还可能引发客户退货、索赔等情况，进一步增加企业的成本支出。例如，某电子设备制造企业因原材料交期延误，导致产品无法按时交付给客户，最终支付了数十万元的违约金，并失去了该客户后续的订单，间接损失难以估量。

交期延误还会对企业的生产运营产生负面影响，进而带来间接经济损失。为了弥补交期延误造成的生产进度滞后，企业可能需要调整生产计划，这会导致生产效率下降、设备磨损加剧、能源消耗增加等问题，增加生产成本。同时，频繁的生产计划调整还会影响员工的工作积极性和稳定性，降低团队凝聚力和工作效率。

在市场竞争方面，交期延误严重损害企业的品牌形象和市场声誉。客户对企业的信任度会因交期延误而降低，可能会选择其他供应商合作。此外，负面口碑的传播会影响潜在客户对企业的选择，使企业在市场竞争中处于劣势，错失市场机会，减少市场份额，从长远来看，对企业的发展造成巨大阻碍。

5.2　采购订单的 AI 解决方案

传统采购过程中的订单处理痛点，通过引入 AI 技术就可以解决。通过 AI 解决方案，企业可实现采购订单的智能管理和优化，提升采购效率和准确性。

5.2.1　智能订单履约系统

什么是智能订单履约系统？智能订单履约系统是基于 AI 技术的自动化管理平台，通过规则引擎实现订单的智能分配、跟踪和优化。它能实时监控订单状态，预测潜在延误风险，自动调整履约策略，确保订单按时交付。系统还能根据历史数据和实时需求，优化库存管理和物流调度，降低违约金支付和退货索赔风险，提升企业运营效率和客户满意度。

智能订单履约系统通过整合供应链上下游动态需求与仓储物流信息，实现数据精准与协同，清晰明了地分析各个环节及合作伙伴，系统深入合作模式，有效降低订单取消、客户赔偿金、库存积压等成本，提升企业市场竞争力。

智能订单履约系统的核心目标，是通过规则引擎驱动订单全流程自动化决策，实现三个层面的优化，如图 5-1 所示。

| 效率提升 | 成本优化 | 风险可控 |

订单处理时间缩短 50% ~ 80%　　物流 / 库存成本降低 10% ~ 30%　　履约异常率下降 50%

图 5-1　智能订单履约系统的核心目标

智能订单履约系统主要依赖规则引擎的设计和算法优化，通过实时数据分析，精准预测订单履约风险，自动调整分配策略。一般来说，常见的规则类别有四种，表 5-1 所示是规则的类型与触发条件示例。

表 5-1　规则的类型与触发条件示例

规则类别	触发条件
优先级规则	紧急订单 + 库存充足
库存分配规则	按库存位置就近分配

规则类别	触发条件
物流选择规则	根据重量选择承运商
异常处理规则	物流延迟触发补货机制

通过这些规则，系统能高效响应各类订单需求，实时决策，减少人工干预，降低错误率，确保订单按时履约，提升客户满意度。而我们常用的实时决策流程如图 5-2 所示。

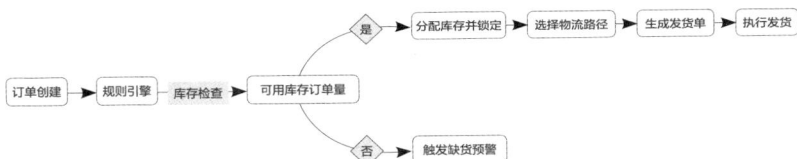

图 5-2　实时决策流程

在具体的使用过程中，我们需要根据实际业务场景灵活配置规则，结合历史数据和实时反馈，不断优化系统性能。笔者以某供应商协同履约为例，说说具体的落地执行情况。

供应商协同履约中，系统通过实时数据共享，动态调整订单分配，确保供应链各环节高效协同。

具体的规则逻辑有三个。

（1）供应商 A 产能不足时自动拆单给 B/C。

（2）订单金额 ≥ 50 万元触发供应商预付款条款。

（3）质检不合格时启动退货逆向流程。

系统通过这些规则逻辑，有效应对供应链中的突发状况，在涉及数据联动时，系统通过 API 接口与各供应商系统无缝对接，实现数据实时同步，确保信息透明化。而集成的电子签章系统进一步保障合同执行的合法性和效率，减少纸质文档管理成本，提升整体业务流程的数字化水平。

当然，要想实现智能订单履约系统的最大效能，还需企业对内部系统和外部数据进行深度整合，建立统一的数据平台，确保数据一致性。同时，定期评估规则有效性，根据市场变化及时调整，持续优化系统性能，提升决策精准度，进一步巩固企业在激烈竞争中的优势地位。

智能订单履约系统建议优先在高复杂度、高频次采购品类，如电子元器件、快消品中试点，再逐步扩展至全供应链。

5.2.2 动态交期预测

动态交期预测基于机器学习算法、实时数据流与供应链协同，实时分析历史交期数据、当前订单状态及外部环境因素，实现从订单下达到交付的全流程动态交期预估与风险预警，帮助企业优化采购计划与库存策略。动态交期预测模型通过不断自我学习和优化，提升预测准确性，帮助企业提前应对潜在延误风险，确保供应链高效运转。

1. 动态交期预测的核心目标

动态交期预测的核心目标是通过多维度数据融合与动态建模，预测采购订单的实际交付时间，实现精准率、动态调整和风险预警的有机结合，有效提升供应链的灵活性和响应速度。图 5-3 所示是精准率、动态调整和风险预警的有机结合。

图 5-3　精准率、动态调整和风险预警的有机结合

2. 数据来源与关键维度

动态交期预测的数据来源有四种，如表 5-2 所示，包括历史交期数据、实时订单数据、外部环境数据及供应链网络数据。

表 5-2　动态交期预测的数据来源

数据类型	关键数据项	来源系统
历史交期数据	过去 3 年订单交期、供应商履约记录	ERP（SAP）、SRM 系统
实时订单数据	订单生产进度、物流 GPS 轨迹、港口拥堵指数	MES、TMS、第三方 API

数据类型	关键数据项	来源系统
外部环境数据	天气预警、地缘政治风险、汇率波动	公开数据集、新闻爬虫
供应链网络数据	供应商产能、原材料库存、运输路径	供应商协同平台、区块链存证

动态交期预测的关键维度有四种，包括订单特征、供应商特征、物流特征和环境特征，如表 5-3 所示。

表 5-3 动态交期预测的关键维度

特征类别	示例特征	技术实现
订单特征	订单金额、SKU 复杂度、定制化程度	规则引擎生成
供应商特征	历史准时交付率、产能利用率、ESG 评分	统计聚合（GroupBy+rolling）
物流特征	运输方式时效分布、中转节点延迟方差	时序分析（ARIMA/LSTM）
环境特征	目的地天气恶劣天数、汇率波动率	外部 API 实时拉取

通过这些关键维度的综合分析，模型能够更精准地预测交期，及时调整策略，降低风险，提升供应链的整体效能。企业可根据预测结果优化资源配置，确保订单按时交付，提升客户满意度。表 5-4 所示是企业通过动态交期预测可能会出现的应用场景。

表 5-4 企业通过动态交期预测可能会出现的应用场景

场景	规则逻辑	执行动作
正常预测	交期预测误差 ≤ 1 天	自动确认供应商排产计划
高风险预警	预测延迟 ≥ 3 天且概率 > 70%	触发备选供应商询价
紧急干预	物流停滞超过 24 小时	启动空运应急方案

比如，某电子企业在全球芯片短缺导致供应商交期波动

±30 天，而原静态预测模型误差＞7 天的情况下，通过动态交期预测，将误差降至 2 天内。其依据的数据是 10 万 + 历史订单、200+ 供应商产能数据和港口实时拥堵指数。

通过构建"供应链韧性指数"，综合供应商地理分散度、替代物料可用性，并引入"地缘政治风险评分"，基于新闻舆情量化国际局势影响进行综合判断，该电子企业成功将供应链中断风险降低了 40%，交期预测误差降至 1.8 天，库存周转率大幅提升，缺料损失持续下降。

当然，我们所说的动态交期预测，也存在一些风险，比如数据的滞后性，可能导致预测结果的偏差。供应商如果隐瞒信息或提供虚假数据，将直接影响模型的准确性。一些"黑天鹅"事件，如全球疫情暴发，也可能导致预测模型失效。

笔者建议动态交期预测优先在长周期、高价值物料，如芯片、定制设备采购中试点，逐步构建供应链智能中枢。

5.2.3　生产排程优化

什么是生产排程优化？生产排程优化是指通过智能算法对生产任务进行高效分配和调度，确保资源利用率最大化，生产周期最短化。它综合考虑设备状态、人员技能、物料供应等因素，动态调整生产计划，以实现生产效率与成本控制的最佳平衡。通过优化排程，企业能显著提升交付准时率，减少库存积压，增强市场响应速度。

1. 生产排程优化的核心目标

生产排程优化的核心是，在满足订单交期与质量要求的前提下，通过动态排程实现"两化一升"，即生产效率最大化、成本最小化、交付能力提升，如图 5-4 所示。

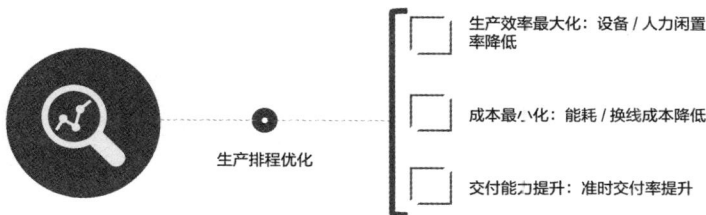

生产排程优化

生产效率最大化：设备 / 人力闲置率降低

成本最小化：能耗 / 换线成本降低

交付能力提升：准时交付率提升

图 5-4　生产排程优化实现"两化一升"

2. 数据整合与关键参数

生产排程优化需整合设备运行数据、人员技能档案、物料库存信息等关键参数，构建多维数据模型，精准预测生产瓶颈，动态调整资源配置，确保生产流程高效顺畅。通过实时监控与反馈机制，及时应对突发状况，优化生产节奏，提升整体运营效能。表 5-5 所示是某制造企业整合数据和关键参数的示例。

表 5-5　某制造企业整合数据和关键参数的示例

数据类型	关键字段	来源系统
订单数据	订单优先级、交期、BOM 结构	ERP（SAP）、SRM 系统
资源数据	设备产能、人员技能、模具可用性	MES、APS 系统
约束数据	工序切换时间、最小起订量、设备维护计划	工艺文件、设备管理系统

数据类型	关键字段	来源系统
动态数据	实时设备状态、紧急插单请求	IoT 传感器、ERP 工单系统

根据以上数据，再结合一定的核心算法，生产排程优化模型就可以生成精准的排程方案，有效避免资源冲突，确保生产任务按时完成。生产排程实施流程是一个动态的循环优化过程，需定期检查其绩效与重要性。图 5-5 所示是动态的生产排程循环优化示意。

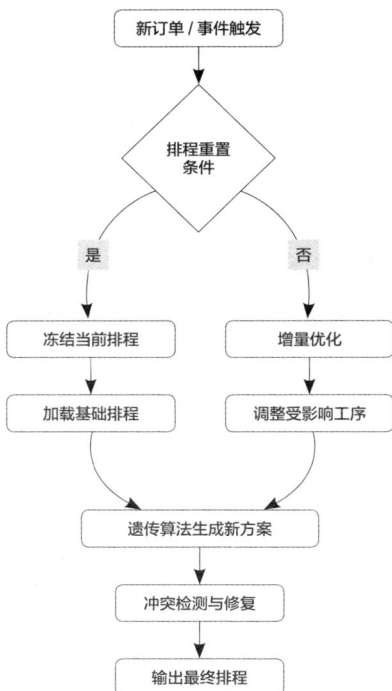

图 5-5　动态的生产排程循环优化示意

在生产排程优化过程中，如果遇到一些冲突场景，如工序重叠、资源竞争、交期冲突等情况，系统会自动触发预警机制，我们要通过算法迅速调整排程策略，优先保障关键订单，比如工序重叠时紧急订单可以插队，资源竞争时要根据设备共享优先级评分来决定分配，交期冲突时可以调整生产顺序，将瓶颈工序前置等。

比如，某汽车零部件制造企业存在多车型混线生产，导致换模频繁，设备利用率非常低。该企业通过引入高级排程算法，系统能够智能识别不同车型间的共通工序，优化换模顺序，减少非必要停机时间，显著提升设备利用率，确保各车型生产任务高效协同，最终实现整体生产效率的飞跃。

当然，生产排程优化模型也存在风险，如数据失真、算法偏差、计划与执行脱节、多目标冲突等，这就需建立完善的风险预警与纠偏机制，定期校验数据准确性，优化算法逻辑，强化计划执行监控，确保多目标平衡，从而持续提升排程模型的可靠性与实用性。

5.2.4 订单逾期预警与自动补偿机制

采购过程中，订单逾期的风险需纳入考量，通过算法动态调整采购优先级，确保关键物料及时供应，避免生产中断。

采购人员需要结合风险预测、动态规则引擎与自动化补偿策略,实现从逾期前预警到逾期后止损的全流程闭环管理。这比较考验采购人员的综合应变能力,要求采购人员不仅熟悉市场动态,还需具备数据分析与决策优化技能,以应对复杂多变的生产需求。

当然,AI 技术的引入,会极大地帮助采购人员在复杂场景下做出精准判断,提升采购效率。通过 AI 辅助的智能决策系统,我们可以对订单的逾期风险进行管理,对逾期后的补救措施进行优化,确保供应链的稳定性和生产的连续性,降低因逾期带来的损失。

1. 订单逾期预警

在 AI 辅助下,采购系统能够实时监控订单数据、实时状态和外部环境,自动识别潜在逾期风险,提前发出预警,便于采购人员及时采取应对措施,如调整采购计划、协调供应商加快发货等,从而有效规避逾期风险。

订单逾期预警的整体架构如图 5-6 所示,根据这样的架构,系统通过数据采集、风险评估、预警发布三大模块协同工作,实时判断订单风险状态,并作出相应的行为。

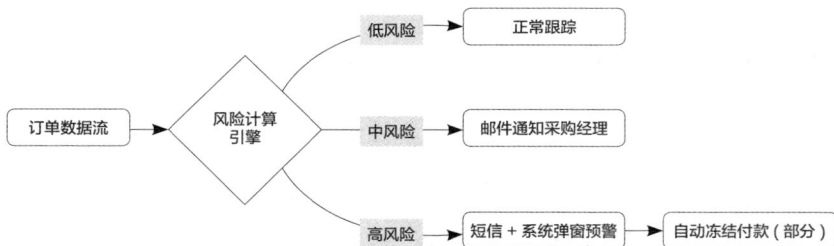

图 5-6 订单逾期预警的整体架构

2. 自动补偿机制设计

当采购订单逾期后，就要考虑自动补偿机制。自动补偿机制设计需基于历史数据和实时反馈，动态调整补偿策略，确保供应商与采购方利益平衡。系统通过智能算法分析逾期原因，自动触发补偿流程，如延长付款期限、提供折扣等，减少纠纷，维护供应链稳定。同时，记录补偿数据，优化后续采购决策，提升整体供应链韧性。

表 5-6 所示是某企业的自动补偿机制策略类型，我们可做借鉴。

表 5-6 某企业的自动补偿机制策略类型

策略级别	补偿方式	触发条件
一级补偿	优先调度内部资源（加急生产）	预测延迟 ≥ 3 天
二级补偿	启动备选供应商紧急替代	实际延迟 ≥ 2 天且原供应商无改进
三级补偿	财务补偿（违约金自动扣减）	最终交付延迟 ≥ 5 天

同样地，自动补偿机制也存在一定的局限性，当出现误预警时，会导致资源浪费。当补偿机制不够合理时，可能会引发供应商合作关系破裂。当物流数据和生产数据不同步时，会导致补偿措施失效，进一步加剧供应链混乱。因此，需建立数据同步机制，确保信息准确性，同时优化算法，减少误预警，维护供应商关系，保障供应链高效运转。

笔者建议，订单逾期预警与自动补偿机制要优先在长交期、高价值物料，如芯片、定制设备采购中试点，逐步构建端到端风险管控体系。

5.2.5 采购订单验收管理

采购订单验收是确保采购质量的关键环节。在 AI 辅助下，订单验收模型涵盖标准化流程、智能检测技术、数据闭环与协同管理等，它可以帮助企业实现验收环节的精准化、自动化、合规化，确保采购质量与成本可控。

通过全流程的数字化验收，我们可以实现质量合规、效率提升、成本控制和数据闭环的效果。例如，某汽车零部件企业在传统的采购过程中，采取人工目检刹车片厚度的情况，致使其漏检率达到 8%，年退货损失超 300 万元。该企业在采用全流程数字化验收并部署了线阵相机和激光测厚仪后，实现了全自动尺寸检测，精度控制在 ±0.01mm。

1. 验收流程设计

订单验收流程，需要设计合理的标准化验收流程，图 5–7 所示是某企业设计的标准化验收流程，我们可借鉴。

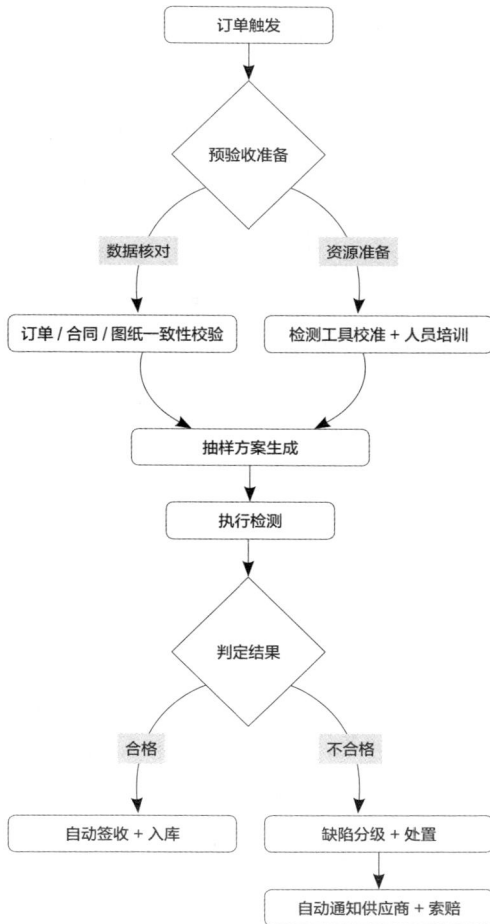

图 5-7　某企业设计的标准化验收流程

验收流程包括预验收准备、智能检测验收和判定与处置。

（1）预验收准备。预验收准备包括提前一天通知业务主管及仓库保管人员，准备好验收单、入库单等材料及应付款项，确保验收工作的准确性和合规性。

在 AI 的辅助下，数据核对就可以实现自动化。如自动比对订单 BOM 与送货清单，包括 SKU 编码、规格、数量等。自动验证供应商资质文件，如 ISO 证书、质检报告有效期等。

要准备检测工具，如测厚仪、光谱仪、3D 视觉扫描仪、X 射线探伤仪等，确保工具校准准确。要对质检人员进行专业培训，熟悉检测标准和操作流程，确保检测结果的准确性和一致性。

（2）智能检测验收。具体的检测类型、技术方案和异常处理逻辑如表 5-7 所示。

表 5-7　智能检测验收

检测类型	技术方案	异常处理逻辑
外观检测	AI 视觉质检（缺陷定位 + 分类）	自动标记不良品并触发复检
性能测试	IoT 传感器实时监测（压力 / 温度 / 电流）	数据超阈值自动锁库
合规验证	区块链存证（质检报告上链）	与合同约定条款自动比对

（3）判定与处置。若检测到异常，系统自动触发预警，通知相关人员处理。通过 AI 技术，判定与处置环节更加高效，减少了人为误差，提高了处理速度。例如，某电子产品制造商在使用 AI 辅助验收系统后，异常订单处理时间缩短了 30%，当系统检测异常，会触发 SRM 系统生成索赔工单，同时自动通知供应商进行问题确认和整改，确保问题闭环管理，提升供应链协同效率。

2. 验收流程优化与应用场景

如图 5-8 所示，我们通过多个系统集成，可以持续优化验收

流程，并在多个应用场景中获益，如电子产品制造、汽车零部件
生产等。AI 辅助系统不仅提升验收效率，还增强数据追溯性，确
保产品质量稳定。未来，结合物联网技术，可实现实时监控与预
警，进一步优化供应链管理。

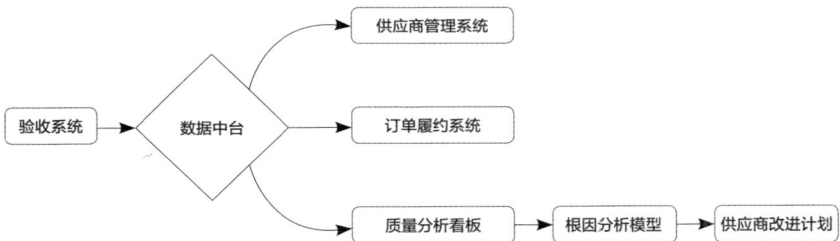

图 5-8　多个系统集成，持续优化验收流程

　　当然，订单的复杂性和多样性也对验收流程提出了更高要
求，比如技术误判、数据孤岛、供应商抵触等因素的出现，会影
响验收效率和准确性。我们需要建立多层次的异常处理机制，结
合人工复核，确保问题及时发现和解决。同时，加强数据共享平
台建设，打破信息壁垒，提升供应商参与度，形成高效协同的供
应链生态。如此，才能在复杂多变的市场环境中，确保供应链的
稳定性和可靠性，进而提升企业的整体竞争力。

第六章

采购运输与库存管理

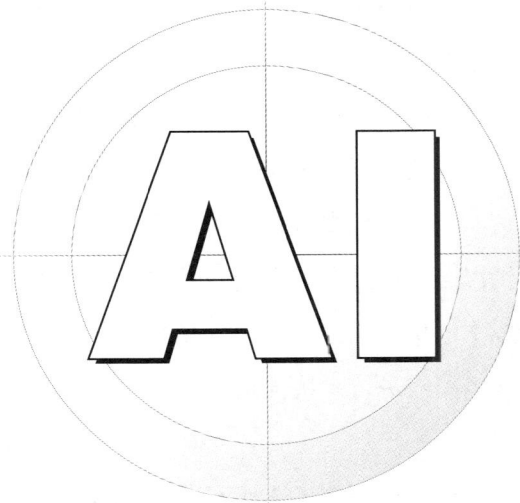

6.1　采购运输与库存管理痛点聚焦

在现代企业的运营体系中，采购运输与库存管理是供应链管理的关键环节，其高效运作直接关系到企业的成本控制、资金周转和客户满意度。然而，随着市场环境的日益复杂、竞争的加剧以及消费者需求的多样化，企业在采购运输与库存管理方面面临着诸多挑战。

6.1.1　运输成本超支

运输成本超支已成为众多企业难以忽视的严峻问题。造成这一现象的原因是多方面的。

首先，在运输路线规划上，很多企业缺乏科学合理的决策机制。许多企业仍然依赖传统的人工规划方式，未能充分利用智能物流系统和大数据分析技术。这就导致运输路线存在重复、迂回等情况，不仅浪费了大量的时间，还增加了燃油消耗、车辆磨损等成本。例如，某制造企业在向多个区域配送产品时，由于没有对运输路线进行系统优化，车辆空驶率高达 40%，导致运输成本大幅上升。

其次，运输方式选择不当也是成本超支的重要因素。企业在选择运输方式时，往往没有充分考虑货物的特性、运输距离、交货时间等因素。比如，对于一些时效性要求不高的大宗货物，企业却选择了成本较高的航空运输，而对于一些急需的小批量货物，又没有采用灵活高效的快递运输，导致运输成本与实际需求严重不匹配。

此外，运输市场价格波动频繁，企业缺乏有效的价格风险管理策略，在签订运输合同时，未能对未来价格走势做出合理预判，也容易在运输成本上遭受损失。

运输成本超支给企业带来了严重的负面影响。一方面，直接压缩了企业的利润空间，降低了企业的市场竞争力。在产品价格竞争激烈的市场环境下，企业很难将增加的运输成本完全转嫁给消费者，只能自行消化，这无疑加重了企业的经营负担。另一方面，过高的运输成本还会影响企业的资金周转效率。大量的资金消耗在运输环节，导致企业在采购原材料、研发创新等其他重要方面的资金投入减少，制约了企业的可持续发展。

6.1.2　库存周转率低于行业均值

库存周转率是衡量企业库存管理效率的重要指标，它体现了企业库存资产的流动性和利用效率。库存周转率低下，意味着企业的库存商品在仓库中停留的时间过长，占用了大量的资金和仓储空间。

造成库存周转率低的原因主要有以下几点。

其一，需求预测不准确。企业在制定采购计划和生产计划时，未能准确把握市场需求的变化趋势。由于缺乏有效的市场调研和数据分析手段，企业往往凭借经验或主观判断进行决策，导致生产出来的产品或采购的商品与市场实际需求脱节。例如，某服装企业在旺季来临前，根据以往经验大量生产了某款服装，但由于市场流行趋势发生变化，该款服装的实际需求量远低于预期，大量库存积压，严重影响了库存周转率。

其二，供应链协同不足。企业内部各部门之间以及与供应商、经销商之间的信息沟通不畅，导致采购、生产、销售等环节无法有效衔接。在采购环节，由于不能及时了解销售部门的需求和库存情况，容易出现过度采购或采购不及时的现象；在生产环节，生产计划与销售计划脱节，导致产品生产出来后无法及时销售出去；在销售环节，销售部门不能及时将市场需求变化反馈给采购和生产部门，使得库存管理陷入被动局面。

其三，库存管理策略不完善。企业缺乏科学的库存分类管理方法，对所有库存商品采用统一的管理方式，没有区分重点商品和一般商品。同时，在库存控制方面，没有建立有效的库存预警机制，不能及时发现库存积压或短缺的情况，导致库存管理缺乏灵活性和及时性。

库存周转率低于行业均值，不仅增加了企业的仓储成本、资金成本和商品损耗成本，还可能导致商品过时、贬值，给企业带来巨大的经济损失。此外,过高的库存水平还会掩盖企业在生产、销售、采购等环节存在的问题,影响企业对自身运营状况的准确判断。

6.1.3　安全库存设置不合理导致缺货

安全库存是企业为了应对需求波动、供应中断等不确定性因素而设立的缓冲库存。然而,在实际运营中,许多企业由于安全库存设置不合理,导致缺货现象频繁发生。

安全库存设置过高,会占用大量的资金和仓储空间,增加库存成本;而安全库存设置过低,则无法有效应对市场需求的突然变化和供应链的不确定性,容易出现缺货情况,影响客户满意度和企业的市场声誉。

造成安全库存设置不合理的原因主要有以下几个方面。

首先,对需求波动的评估不准确。企业没有充分考虑市场需求的季节性、突发性变化以及客户订单的不确定性,在设置安全库存时,往往采用固定的安全库存水平,不能根据实际需求情况进行动态调整。例如,某食品企业在夏季对冷饮产品的需求预测过于保守,安全库存设置过低,在销售旺季来临时,由于市场需求突然大幅增加,导致产品供不应求,不仅失去了销售机会,还引发了客户的不满。

其次,对供应链风险的认识不足。企业在设置安全库存时,没有充分考虑供应商的交货能力、运输延误、原材料短缺等供应链风险因素。当供应商出现交货延迟、原材料供应中断等问题时，企业由于安全库存不足，无法及时满足客户需求，导致缺货。此外，企业与供应商之间缺乏有效的合作与沟通机制，不能及时获取供应商的生产、库存等信息，也难以对供应链风险进行有效地预警和应对。

最后，缺乏科学的安全库存计算方法。许多企业在设置安全库存时，仍然采用简单的经验法则或固定比例法，没有结合企业的实际情况和市场数据，运用科学的数学模型进行计算。这种不科学的计算方法很难准确确定合理的安全库存水平，导致安全库存设置要么过高、要么过低。

安全库存设置不合理导致的缺货问题，对企业的影响是多方面的。缺货会直接导致客户订单无法按时履行，降低客户满意度，甚至可能导致客户流失。长期的缺货现象还会损害企业的品牌形象，降低企业在市场中的竞争力。同时，缺货还会打乱企业的生产计划，增加生产调度的难度，导致生产效率下降，进一步增加企业的运营成本。

6.2　采购运输与库存管理的 AI 解决方案

我们能够看到，企业采购与库存管理中存在诸多痛点，这些痛点严重影响了企业的运营效率和成本控制。在缺少相应的解决方式的情况下，这种痛点将长期存在，并导致企业资源浪费、市场响应迟缓，甚至可能引发供应链断裂的风险。

而现在，通过引入 AI 技术，企业可以实现对采购运输和库存管理的智能化优化，AI 技术能够精准预测市场需求变化，动态调整安全库存水平，有效应对季节性波动和突发需求。同时，AI 可实时监控供应链风险，提前预警供应商问题，确保物料供应稳定。此外，借助 AI 的数学模型，企业能科学计算合理的安全库存，避免过高或过低的库存设置，提升库存管理效率，降低运营成本。

6.2.1　智能物流路径优化

所谓智能物流路径优化，就是通过 AI 算法对运输路线进行动态调整，确保货物在最短时间内到达目的地，减少运输成本和延误风险。结合物流与信息流分离原则，系统能够实时更新仓储信息，确保各节点高效协同，进一步提升整体物流效率。

1. 智能物流路径优化的核心目标

我们通过动态路径规划与资源调度，在满足时效与成本约束的前提下，可以实现运输成本降低、运输时效提升和库存周转优化的效果，如图 6-1 所示。

图 6-1　智能物流路径优化的核心目标

2. 智能物流模型的数据来源与关键字段

智能物流模型的数据主要包括订单数据、运输数据、路况数据、库存数据等，其来源比较多样化，如表 6-1 所示，列出了关键数据类型、关键字段和来源系统。

表 6-1　数据来源

数据类型	关键字段	来源系统
订单数据	配送地址、SKU 体积重量、优先级	ERP（SAP）、OMS 系统
运力数据	车辆位置、载重、油耗、司机状态	TMS 系统、车载 GPS
路况数据	实时拥堵指数、天气预警、施工路段	高德 / 百度 API、气象数据

数据类型	关键字段	来源系统
库存数据	仓库实时库存量、安全库存阈值	WMS 系统、RFID 传感器

通过对这些多维数据的综合分析，AI 模型能够精准识别最优路径，动态调整运输策略，确保货物高效、低成本地送达目的地，从而显著提升物流系统的整体效能。例如，国铁企业通过引入 AI 技术，实现了对 17 种新箱型的智能调度，显著提升了多式联运效率。

3. 路径动态优化

在智能物流路径的基础上，结合实时路况和货物状态，AI 模型能够动态调整运输路线，避免拥堵和延误，确保货物按时到达。例如，通过分析高德 / 百度 API 提供的实时拥堵指数和气象数据，系统智能选择最优路径，降低运输成本，提升时效。

进行动态路径优化时，我们一定要将其流程化，明确各环节的操作规范，确保每一步都精准执行。图 6-2 所示是某企业动态路径优化的流程示意图，可供参考。

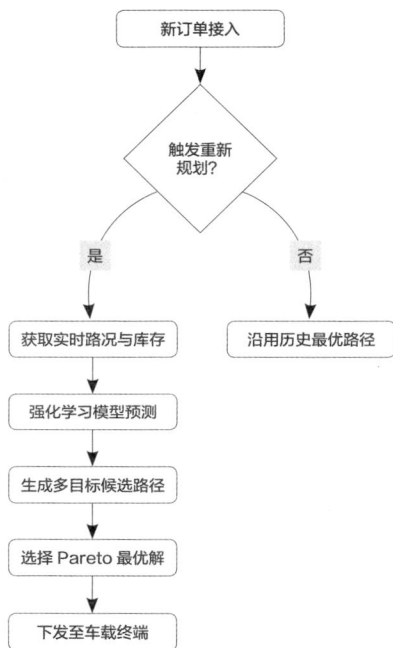

图 6-2 某企业动态路径优化的流程示意图

按照以上的流程，我们可以确保每个环节紧密衔接，减少人为误差，提升路径优化的精准度和执行效率。

比如，某零售企业存在这样的问题：其生鲜配送路线固定，未考虑实时拥堵与门店订货量波动，导致油耗高且缺货率高达12%。通过引入智能物流路径优化，集成高德实时路况 API，每15 分钟更新路径，基于门店 SKU 销量预测调整配送优先级。当其仓库库存低于安全阈值时，会自动触发临近门店调拨，有效降低了缺货率，同时降低了运输成本。

当然，在实际应用中，还需结合企业自身业务特点，持续优化模型参数，优化算法，以适应不同场景下的物流需求。比如在突发交通事故导致路径规划失效时，要及时进行人工接管和调整，确保物流系统的高效运转。

未来，当自动驾驶更加普及，AI 将与车辆控制系统深度融合，实现完全自动化调度，无人配送车、无人机都可以实时联动，进一步降低物流成本，提升配送效率。

6.2.2 库存动态平衡系统

对企业来说，库存管理是核心挑战之一。

如何才能提升库存健康度，如何才能优化成本，如何才能提高库存响应速度，这是我们急需要解决的问题。现在，通过引入 AI 技术，我们可以建构更加智能化的库存动态平衡系统。AI 能够实时分析销售数据、库存水平及市场需求，精准预测未来销量，自动调整补货策略，确保库存维持在最优状态。通过 WMS 系统和 RFID 传感器实时监控库存数据，AI 模型能够精准预测需求波动，自动调整补货策略，确保库存动态平衡。

1. 库存动态平衡的核心目标

企业通过实时监控与动态调整库存，可以实现这样几个目标。

（1）库存健康度≥95%：安全库存覆盖率≥98%，呆滞库存≤5%。

（2）成本优化：库存持有成本降低15%～30%。

（3）响应速度：需求波动响应时间缩短至小时级。

2. 库存动态平衡的数据来源

库存动态平衡的数据来源主要有四种类型，如表6-2所示，罗列了数据类型、关键字段和来源系统。

表6-2　库存动态平衡的数据来源

数据类型	关键字段	来源系统
库存数据	实时库存量、库龄、库位状态	WMS系统、RFID传感器
需求数据	销售订单、预测需求、促销计划	ERP（SAP）、CRM系统
供应数据	供应商交货周期、在途库存、质检结果	TMS系统、供应商协同平台
外部环境	市场趋势、天气预警、竞争对手动态	公开API、舆情爬虫

通过这些多维度的数据支撑，AI模型能够更精准地进行库存预测和优化，有效避免过度库存或缺货现象，确保企业在激烈的市场竞争中保持高效运作和成本优势。

3. 动态库存控制

动态库存控制需建立合适的控制模型，根据实时数据动态调整库存水平，结合机器学习算法不断优化模型参数。表6-3所示是某企业的动态库存控制模型示例，表中列出了模型类型和技术方案，可供借鉴。

表6-3　某企业的动态库存控制模型示例

模型类型	功能描述	技术方案
安全库存计算	基于需求波动与供应可靠性计算	指数平滑法 +MonteCarlo 模拟
动态补货策略	多目标优化(成本/时效/服务水平)	强化学习（DQN）+ 数字孪生仿真
呆滞库存预警	基于产品生命周期与需求衰减预测	LSTM 时间序列模型 + 随机森林分类

通过这些先进的模型和技术，企业不仅能实时应对市场变化，还能持续提升库存管理的精细化水平，确保资源的最优配置，进一步强化企业的市场竞争力。

当然，我们也要注意安全库存的合理设置，避免因过度优化而导致供应链风险。

安全库存的计算公式为：

$$SS = Z \times \sqrt{LT \times \sigma^2_d + \mu^2_d \times \sigma^2_{LT}}$$

其中：

SS：安全库存

Z：服务水平系数（95% 对应 1.65）

LT：供应商交货周期

σ_d：日需求标准差

μ_d：日均需求

动态库存控制的关键在于实时数据的精准采集与分析，结合AI算法动态调整库存策略，确保库存水平既不过高也不过低，实现供需平衡，降低运营成本，提升客户满意度。我们可以建立动态调整机制的实时监控看板，如图 6-3 所示，通过实时监控看板，我们可以实时掌握库存动态，及时发现异常并快速响应。

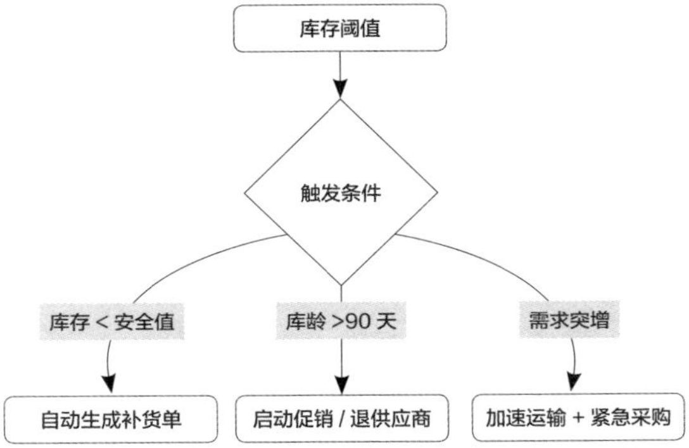

图 6-3　动态调整机制的实时监控看板

4. 端到端协同与关键协同场景

库存动态平衡需要端到端的协同机制，涵盖采购、生产、销售等环节。通过 ERP、CRM 与 TMS 系统的无缝对接，实现数据共享，确保各环节信息透明，提升供应链整体响应速度。图 6-4 所示是某企业端到端协同流程示意，可供参考。

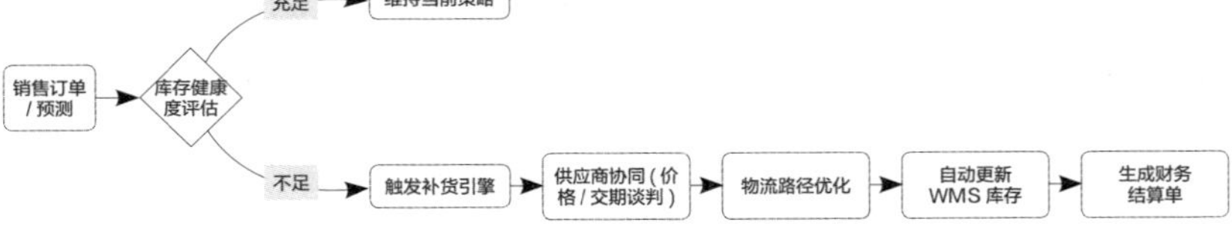

图 6-4　某企业端到端协同流程示意

除了端到端协同，在关键协同场景中，供应商协同和运输联动尤为重要。

（1）供应商协同。当库存低于阈值时，库存动态平衡系统会自动发送 RFQ（询价单）至备选供应商。系统还会基于历史合作数据动态调整订单分配比例。

（2）运输联动。当库存紧张时，库存动态平衡系统会触发加急运输（成本权重降低 30%）；库存过剩时，库存动态平衡系统自动协商延迟付款（延长账期 15 天）。

比如，某快消品企业根据库存动态平衡系统的逻辑制定了一套解决方案，以改变传统模式下订货周期长，旺季缺货率高，滞销库存高等问题。

（1）需求预测升级。为提升预测准确性，该企业采用了 Prophet 与 XGBoost 的融合模型，使得预测准确率提升至 92%。同时，该企业根据区域天气数据动态调整促销计划，例如在雨季增加雨具库存，以更好地满足市场需求。

（2）动态补货引擎。为了优化补货流程，该企业将安全库存规则嵌入 ERP 系统，实现了自动触发分级补货（紧急/常规）。此外，该企业还根据供应商的评分动态分配订单，确保订单能够高效地分配给优质供应商，其中排名前三的供应商占据了 70% 的订单份额。

（3）滞销库存处理。针对滞销库存问题，该企业与电商平台进行联动，自动创建清仓直播专场，以吸引消费者关注并促进销售。同时，对于积压超过 30 天的商品，该企业自动执行 15% 的降价处理，以加速库存周转。

通过这样的举措，该企业成功降低了库存成本，提升了市场响应速度，一年节省滞销损失上千万元，采购成本下降了10%。

6.2.3 自动补货触发机制

对企业来说，精准的库存管理不仅能优化资源配置，还能提升客户满意度。如何结合实时数据、预测模型与动态规则，实现采购、运输与库存的智能联动，避免缺货与积压，提升供应链效率，这是企业需要深入探索的课题。

1. 自动补货触发机制的核心目标

所谓自动补货触发机制，就是通过预设的库存阈值和动态需求预测，自动触发补货订单，确保库存水平始终在最优范围内，减少人工干预，提高补货效率和精准度。自动补货触发机制依赖于实时数据监控，其核心目标是，结合历史销售趋势和季节性因素，动态调整阈值与智能决策，确保库存既不过剩也不短缺，从而实现供应链的灵活响应和成本优化。

自动补货触发机制可以实现三个关键目标。

（1）精准触发：补货时机误差 ≤ 1 天。

（2）成本优化：库存持有成本降低 15% ~ 30%。

（3）服务保障：缺货率下降至 1% 以下。

2. 自动补货触发机制框架

自动补货触发机制框架包括数据输入层、触发规则层、补货策略层与执行层。

（1）数据输入层。数据输入层负责收集库存数据、需求数据、供应数据和外部环境数据等，如表 6-4 所示。

表6-4　数据输入层

数据类型	关键字段	来源系统
库存数据	实时库存量、库龄、安全库存阈值	WMS 系统、RFID 传感器
需求数据	销售订单、预测需求、促销计划	ERP（SAP）、CRM 系统
供应数据	供应商交货周期、在途库存、质检结果	TMS 系统、供应商协同平台
外部环境	市场趋势、天气预警、竞争对手动态	公开 API、舆情爬虫

（2）触发规则层。根据实时库存量和预测需求，计算动态安全库存，设定触发条件逻辑。触发规则层通过算法模型，实时监控库存波动，结合历史数据和季节性变化，精准设定补货阈值，确保库存动态平衡。

其中，安全库存计算公式，我们在 6.2.2 中已经详细阐述，这里不再赘述。这里重点说说触发条件逻辑的设计。逻辑应考虑多种因素，如销售峰值、供应链稳定性及突发事件影响。通过多维度数据分析，选择灵活的触发类型。表 6-5 所示是某企业设计的触发类型和补货策略，可供参考。

表6-5　某企业设计的触发类型和补货策略

触发类型	补货策略
定量触发	补货至安全库存 + 预测需求量
定时触发	每周固定时间补货
事件触发	按预测增量补货

（3）补货策略层。此层根据触发规则生成的补货信号，制定具体的补货计划，包括补货量、补货时间和供应商选择。通过智能算法优化补货路径，确保补货过程高效且成本最低。表6-6所示是某企业的补货量计算模型，可供参考。

表6-6　某企业的补货量计算模型

策略类型	公式	适用场景
经济订货批量	$EOQ = \sqrt{\dfrac{2DS}{H}}$	供应商价格稳定
动态补货量	Q= 预测量 + 安全库存 - 在途量	需求波动大
供应商协同	按供应商 MOQ（最小订单量）整数倍	供应商要求批量采购

补货策略层还需考虑季节性因素和促销活动影响，灵活调整补货计划。

（4）执行层。执行层负责将补货策略转化为实际操作，协调物流、仓储和供应商，确保补货指令精准执行。在这个过程中，一定要有流畅的执行流程，图6-5所示是某企业制定的执行流程图，详细展示了从触发条件到补货完成，再到触发财务结算的各个环节，值得我们借鉴。

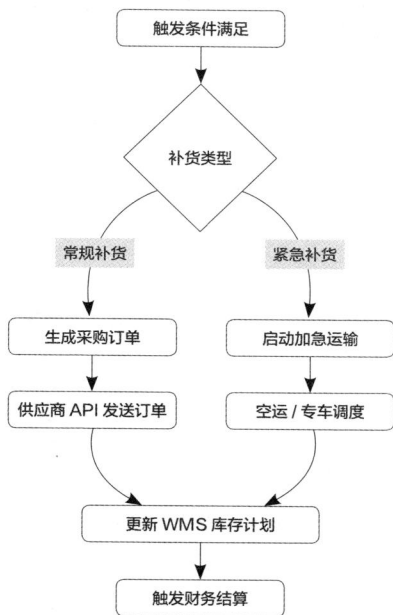

图 6-5 某企业制定的执行流程图

在自动补货的过程中，我们经常会遇到一些异常的场景，比如供应商缺货、需求突变、物流延迟等，这就需要企业建立应急预案机制，迅速响应并调整补货计划。企业要实现补货的全自动化与智能化，笔者建议优先在高周转、高价值品类，如 3C 电子、快时尚中试点自动补货触发机制，再逐步构建供应链智能中枢。

第七章

采购合同管理的 AI 风控

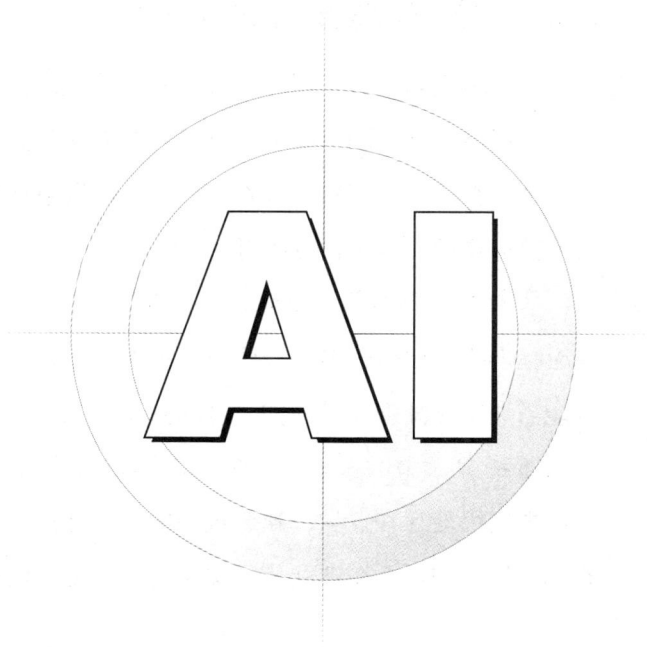

7.1　采购合同管理的痛点聚焦

在企业运营过程中，采购合同管理作为供应链管理的关键环节，其重要性不言而喻。然而，当前很多企业在采购合同管理方面面临着诸多挑战，这些问题不仅影响着企业的运营效率，还可能带来巨大的经济损失和法律风险。在这些挑战中，合同风险尤为突出，特别是合同条款的不明确可能导致后续出现纠纷。

7.1.1　合同条款审查遗漏率达 35%

合同条款是采购合同的核心内容，其严谨性和完整性直接关系到合同双方的权利与义务能否得到有效保障。但据相关数据统计，企业在采购合同条款审查过程中，遗漏率高达 35%。这一惊人的数据背后，隐藏着一系列复杂的问题。

从审查流程来看，传统的采购合同审查往往依赖人工操作，缺乏标准化、规范化的审查流程。在实际工作中，合同审查人员可能需要同时处理大量合同，时间紧迫，难以对每一份合同的条款进行细致入微的审查。此外，不同审查人员对合同条款的理解和把握程度存在差异，缺乏统一的审查标准，导致一些重要条款被忽视。例如，在涉及货物交付时间和地点的条款中，如果没有明确约定，可能会导致货物运输过程中出现纠纷，责任难以界定。

从人员专业能力角度分析，部分合同审查人员并非法律专业出身，对合同条款中的法律风险缺乏足够的认识和判断能力。他们可能只关注合同的主要条款，而忽略了一些隐含的法律风险条款。

比如，在违约责任条款中，没有明确约定违约方应承担的具体赔偿范围和计算方式，一旦出现违约情况，企业将难以通过法律途径获得合理的赔偿。同时，随着市场环境的不断变化和法律法规的更新，审查人员如果不及时学习和掌握新知识，也容易在合同审查过程中出现疏漏。

合同条款审查遗漏所带来的后果是严重的。它可能导致企业在合同履行过程中面临各种不确定性，增加交易风险。一旦出现纠纷，企业可能因合同条款不完善而处于被动地位，甚至遭受巨大经济损失。

7.1.2 供应商违约处理滞后超 7 天

供应商违约是采购合同管理中常见的问题之一，而企业在处理供应商违约时普遍存在滞后现象，平均处理时间超过 7 天。这一滞后性严重影响了企业的正常生产经营活动，降低了企业的市场竞争力。

造成供应商违约处理滞后的原因是多方面的。

首先，信息沟通不畅是主要原因之一。在供应商出现违约情况后，企业各部门之间可能存在信息传递不及时、不准确的问题。采购部门可能无法及时将违约情况反馈给法务部门和财务部门，导致各部门无法协同工作，延误了违约处理的进度。

其次，缺乏完善的违约处理机制也是重要因素。许多企业没有制定明确的供应商违约处理流程和标准，在面对违约情况时，往往需要临时讨论解决方案，这无疑也增加了处理时间。

此外，对供应商违约的重视程度不够，部分企业认为违约情况较为常见，没有及时采取有效的应对措施，导致问题不断恶化。

供应商违约处理滞后给企业带来了一系列负面影响。对于生产型企业来说，供应商违约可能导致原材料供应中断，生产计划无法按时完成，进而影响产品交付时间，损害企业的信誉。同时，违约处理滞后还可能导致违约损失进一步扩大。

例如，在供应商延迟交货的情况下，如果企业不能及时采取补救措施，可能会错过销售旺季，造成产品积压，增加仓储成本和资金占用成本。据统计，因供应商违约处理滞后给企业带来的额外损失，占平均违约金额的 20% ~ 30%。

7.1.3　法律纠纷年增长 18%

随着市场经济的发展和企业经营环境的日益复杂，采购合同引发的法律纠纷呈逐年上升趋势，年增长率达到 18%。这一现象不仅给企业带来了巨大的法律风险和经济损失，也严重影响了企业的正常运营和发展。

法律纠纷年增长的原因主要包括以下几个方面。

一方面，企业对合同管理的重视程度不够，缺乏有效的合同风险管理机制。在合同签订前，没有对供应商的资质和信誉进行充分的调查和评估；在合同履行过程中，没有对合同的执行情况进行有效监督和管理，导致合同纠纷不断发生。

另一方面，法律法规的不断变化和更新，企业如果不能及时了解和掌握相关法律规定，在合同签订和履行过程中就容易出现违法行为，从而引发法律纠纷。此外，市场竞争的加剧，部分供应商为了追求利益最大化，不惜违反合同约定，也是导致法律纠纷增多的原因之一。

法律纠纷的增加给企业带来了严重的后果。

首先，法律纠纷会消耗企业大量的人力、物力和财力。企业需要投入大量的时间和精力应对诉讼，聘请律师、收集证据、参加庭审等，这不仅增加了企业的运营成本，还会分散企业管理层的注意力，影响企业的正常经营决策。

其次，法律纠纷可能会给企业带来声誉损失。一旦企业卷入法律纠纷，可能会引起客户、合作伙伴和社会公众的关注，如果处理不当，会对企业的形象和声誉造成负面影响，进而影响企业的市场竞争力。据统计，因法律纠纷给企业带来的直接经济损失，平均占企业年利润的 10% ~ 15%，而声誉损失则难以用具体的数字来衡量。

7.2 采购合同管理的 AI 解决方案

面对采购合同管理中的种种痛点，采购人员正逐渐将目光转向人工智能解决方案，以期实现合同管理的自动化和智能化。通过 AI 技术，企业能够实时监控合同履行情况，自动检测潜在的违约风险，并及时采取措施预防和处理违约事件。同时，AI 系统能够帮助采购人员快速分析大量合同数据，预测和评估供应商的信誉和资质，从而降低因合同管理失误造成的损失。此外，AI 还能帮助企业及时掌握法律法规的变化，确保合同的合法性，从而减少法律纠纷的发生概率。

7.2.1 采购合同智能审核

AI 技术的逐渐成熟，为采购合同的智能审核提供了新的可能性。它利用 NLP 和机器学习算法，能自动识别合同文本中的关键条款和潜在风险点。系统能够自动比对合同与标准条款库，实现合同条款的自动化解析、风险识别与合规性验证，识别出不一致或遗漏的条款，有效降低人为审核的疏漏和错误并降低法律风险。

1. 采购合同智能审核的价值

采购合同智能审核通过 AI 技术自动识别合同中的法律风险、财务漏洞、履约陷阱，可以实现这样几个方面的价值。

（1）效率提升：审核周期从 3 天缩短至 1 小时内。

（2）风险控制：关键条款遗漏率下降 90%，法律纠纷减少50%。

（3）合规保障：自动匹配企业内控政策与外部法规。

2. 采购合同智能审核的核心模块

采购合同智能审核的核心模块包含四个，如表 7-1 所示。

表 7-1　采购合同智能审核的核心模块

模块	功能描述	技术实现
合同解析引擎	提取条款关键字段（价格、交期、违约责任）	NLP（BERT/SpaCy）+CRF 命名实体识别

模块	功能描述	技术实现
规则审核引擎	匹配企业内控规则（如"预付款 ≤ 30%"）	Drools 规则库 + 正则表达式
风险预测模型	识别潜在法律风险（如条款模糊、权责不对等）	BERT+Fine-tuning
知识图谱	关联法律条文、行业规范、供应商资质	Neo4j 图数据库 + 外部 API 调用

这些核心模块需要的数据可以分为内部数据和外部数据。

（1）内部数据。

①历史合同库（已审核/未审核）。

②供应商档案（资质、历史履约记录）。

③企业内控政策（采购审批流程、财务制度）。

（2）外部数据。

①法律法规库（国家法律法规数据库）。

②行业标准（如 ISO 条款、行业惯例）。

③司法案例库（裁判文书网公开数据）。

这些数据的集成与处理是智能审核系统高效运作的关键。通过建立强大的数据管理机制，可以确保数据的实时更新和准确性，进而保障审核的精确度。

3. 采购合同智能审核的规则设计

智能审核系统的设计中，规则设计是至关重要的环节。系统需要根据企业特定需求和行业特点，进行定制化规则的设置。例如，针对采购额度较大的合同，可能会增加额外的审批层级，或者对于长期合作的供应商，可能设置更灵活的付款条件。规则设计还包括如何处理异常情况，比如发现合同条款与现行法规相冲突时的处理流程。这些规则的制定既需要法务部门的参与，也需要采购部门的反馈，以确保规则的实用性与操作性。

表 7-2 所示是某企业设计的规则类型示例，可供参考。

表 7-2　某企业设计的规则类型示例

规则类别	示例规则逻辑	技术实现
合规性规则	检查是否包含《中华人民共和国民法典》第五百六十三条（合同解除条款）	法律条文哈希匹配＋相似度计算
财务规则	预付款比例＞30% 触发预警	正则表达式匹配数字＋阈值判断
履约规则	交货日期早于合同签订日视为无效	日期逻辑校验（dateutil 库）
权责规则	违约金比例超过法定上限（LPR4 倍）	数学计算＋法律数据库查询

规则在被使用后，我们就要监控其执行效果，要有严格的执行流程对其审核和跟踪。图 7-1 所示是某企业设计的端到端审核流程，我们在进行合同智能化管理过程中，可以参考和借鉴。

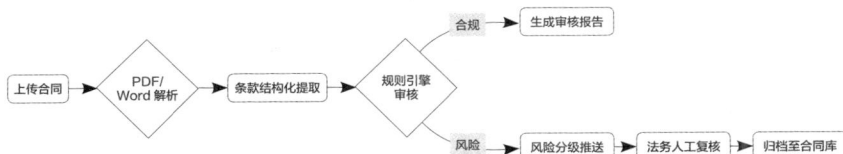

图 7-1　某企业设计的端到端审核流程

在智能审核系统中，绩效层面的规划同样不可或缺。企业需明确绩效考核指标，将其与采购人员的日常操作紧密结合。例如，考核指标可以包括合同审核的准确率、审批流程的时效性以及异常情况的处理效率等。通过这些指标，采购人员可以更加清晰地了解企业的要求，从而在执行过程中主动优化自己的工作方法，提升整体的采购效率和合同管理质量。同时，这也为采购部门提供了评估自身工作成效的有力工具。

未来，智能审核系统将进一步提升数据分析和预测能力，助力采购工作者精准把握市场动态，优化采购策略。

7.2.2　条款风险热力图

在采购合同的管理过程中，采购部门需与法务、财务等部门紧密协作，确保合同全流程的有效管理。从供应商开发到合同磋商、签订及履行，各部门协同是关键。智能审核系统的引入，不仅提升了合同审核的准确性，还通过绩效考核指标，优化了采购人员的工作方法，进一步提高了采购效率和合同管理质量。

不过，在具体的合同条款审核过程中，如果能结合 NLP、数据可视化与风险评估模型，就可以实现合同条款风险的直观化呈现与动态监控，这样能够更有效地识别和防范合同风险。

所以热力图就显得必不可少，通过二维可视化的热力图，合同中的高风险条款分布一目了然，便于采购人员及时调整策略。所谓条款风险热力图，即通过颜色深浅直观展示条款风险程度，帮助相关人员快速定位问题条款，从而提前采取应对措施，确保合同安全的直观化图示。

1. 条款风险热力图的价值

条款风险热力图有这样几个关键价值。

（1）风险定位：快速识别高风险条款（如违约责任模糊、验收标准缺失）。

（2）趋势分析：动态监控条款风险随时间/供应商的变化。

（3）决策支持：指导法务/采购团队优先处理高风险条款。

2. 条款风险热力图的设计

条款风险热力图的设计时需考虑数据来源和条款解析流程、风险评估模型及可视化效果。

（1）数据来源和条款解析流程。首先，确保数据来源的合法性和准确性，涵盖合同文本、历史数据等。数据主要来源于这样三个层面。

①合同库：历史采购合同（PDF/Word 格式）。

②风险规则库：企业内控政策、法律条文（如《中华人民共和国民法典》第五百七十七条）。

③外部数据：司法案例库（裁判文书网）、行业风险报告。

其次，通过 NLP 技术解析合同条款，提取关键信息，建立条款与风险规则的映射关系。在解析条款的时候，要严格按照流程进行，如图 7-2 所示，是某企业的条款解析流程图，可作借鉴。

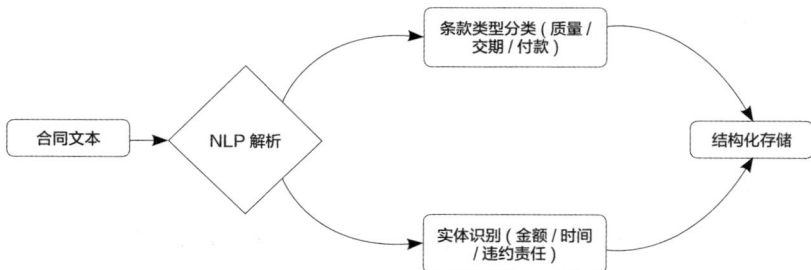

图 7-2　某企业的条款解析流程图

（2）风险评估模型。风险评估模型需结合历史数据和实时数据，采用机器学习算法，评估条款风险等级。评估的关键维度有五个，如表 7-3 所示。

表 7-3　评估的关键维度

维度	指标示例	权重
法律风险	违约金比例超过 LPR 4 倍	30%
财务风险	预付款比例 > 30%	25%
履约风险	验收标准未量化（如"合格"无定义）	20%
操作风险	争议解决条款缺失仲裁地	15%
合规风险	未约定数据隐私保护条款	10%

通过这些维度，模型能精准评估每一条款的风险等级，然后使用历史纠纷合同数据训练模型，再结合实时合同数据不断优化模型，提升风险评估的准确性。

（3）可视化效果。条款风险热力图需直观展示风险等级，采用颜色渐变（如红、橙、黄、绿）表示风险高低，便于快速识别。同时，图示应具备交互功能，点击高风险区域可查看详细条款及风险说明，提升决策效率。

我们可以使用的可视化工具有很多，笔者推荐如 Python 库、Tableau、Power BI 等，它们不仅能实现数据的多维度展示，还能支持动态交互，帮助用户更直观地理解风险分布。此外，这些工具的易用性和强大的数据处理能力，使得非技术背景人员也能轻松上手，进一步提升了风险管理的效率。

7.2.3　电子签约与区块链存证

采购合同管理过程中，电子签约是很多企业早已经采用的签约方式。通过电子签约平台，合同签署过程更加高效、透明，减少了纸质合同的管理成本和风险。现在，在 AI 的加持下，电子签约系统可与风险评估模型无缝对接，实时监控合同签署状态，确保每一步操作都在合规范围内进行。

AI 时代的电子签约与区块链存证，结合数字签名技术、区块链特性与供应链管理需求，可以实现合同签署全流程的无纸化、防篡改、可追溯，提升法律合规性与执行效率。

AI 技术的应用不仅限于风险评估，还能通过智能合约自动执行合同条款，减少人为干预，降低违约风险。结合大数据分析，企业能打通供应商、采购方与法律部门的数据孤岛，更精准地预测市场变化，优化采购策略，提升供应链整体竞争力。

具体如何实施呢？

1. 电子签约平台

选择合适的电子签约平台,如云采供,确保其具备全流程网络在线招投标功能。利用平台的电子询报价、询竞价模块,优化采购价格。结合 AI 风险评估模型,实时监控合同风险,保障签约过程高效合规。通过智能合约自动执行条款,提升履约效率,降低违约风险。

2. 区块链存证

采用区块链技术,采购合同的每一个环节均可被记录并加密存储,确保数据的不可篡改性和可追溯性。区块链存证不仅提升了合同的法律效力,还通过分布式账本技术,实现了多方实时共享合同状态,增强了透明度和信任度。结合 AI 技术,系统能自动验证合同的真实性和完整性,进一步保障交易安全。

表 7-4 所示是某企业区块链选型与部署示例,我们可作借鉴。

表 7-4 某企业区块链选型与部署示例

类型	适用场景	技术方案
联盟链	企业级合同存证(需权限控制)	Hyperledger Fabric + Fabric-SDK
公有链	司法存证(强不可篡改性)	以太坊智能合约 + IPFS 存储

3. 电子签约与区块链存证全流程闭环

通过整合电子签约与区块链存证,我们可以构建全流程闭环管理,实现合同签署、存证、执行一体化。AI 实时监控各环节,确保合规性与透明度，提升合同管理效率。图 7-3 所示是全流程闭环管理的示意图，展示了从合同起草、签署、存证到执行的各个环节。

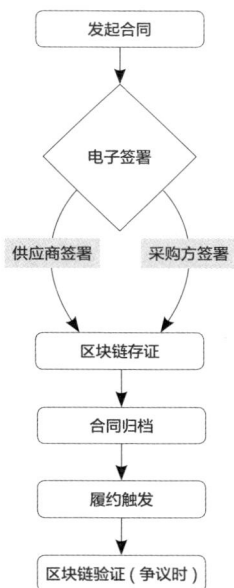

图 7-3　全流程闭环管理的示意图

在以上的流程中，需要有 3 个关键接口进行对接。

（1）ERP 系统：同步采购订单数据至合同模板。

（2）CA 系统：获取供应商数字证书。

（3）司法链：对接法院电子证据平台（如北京互联网法院"天平链"）。

通过这 3 个关键接口的对接，企业不仅能实现数据的高效流转，还能确保合同的法律效力。例如，北京互联网法院的"天平链"平台，解决了电子数据存证难题，提升了版权信息交互效率，降低了维权成本。这种司法区块链技术的应用，为企业的合同管理提供了强有力的法律保障，进一步优化了数字经济的营商环境。

在未来，随着 AI 技术的深化，AI 辅助合同审查、跨链实现互通操作、智能合约自动执行等功能将更加完善，能进一步提升合同管理的智能化水平。

第八章

AI 时代的采购成本控制

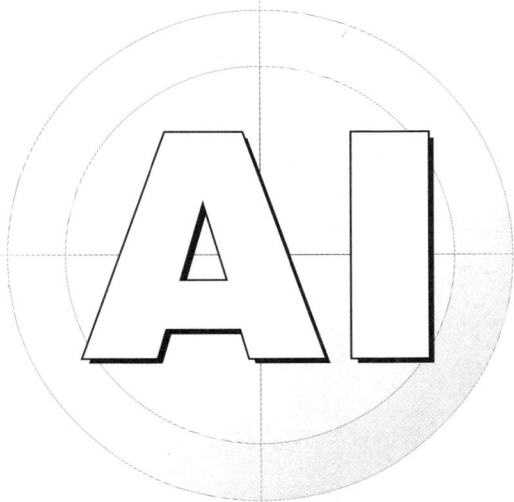

8.1　采购成本控制的痛点聚焦

在企业运营管理中，采购成本控制是影响企业经济效益和市场竞争力的关键环节。然而，当下企业在采购成本控制方面面临诸多挑战，深入聚焦这些痛点，是探寻有效解决策略的前提。

8.1.1　采购成本降本空间难挖掘

随着市场竞争的日益激烈，企业在采购成本控制上不断寻求突破，但降本空间的挖掘却愈发艰难。

一方面，市场环境的复杂性使得成本压缩面临诸多限制。原材料价格受国际政治经济形势、供需关系、自然灾害等多种因素影响，波动频繁且难以预测。例如，在全球大宗商品市场中，石油、铁矿石等基础原材料价格的剧烈波动，直接导致以这些材料为基础的各类产品生产成本大幅变动。企业采购部门即便积极与供应商谈判，在原材料价格整体上涨的趋势下，也难以获得理想的采购价格，降本效果微乎其微。

另一方面，企业内部采购流程的局限性也制约了降本空间的挖掘。传统的采购模式往往依赖于经验和历史数据，缺乏对市场动态的实时跟踪和精准分析。采购人员在选择供应商时，多侧重于价格因素，而忽视了产品质量、交货期、售后服务等综合成本。

同时，采购决策过程中部门间沟通不畅，信息传递存在滞后和偏差，导致采购计划与生产需求难以精准匹配，无法充分发挥集中采购、批量采购的规模优势，进一步压缩了降本空间。此外，企业对新技术、新方法的应用不足，如大数据、人工智能等技术在采购成本分析和预测中的应用尚未普及，使得企业难以从海量数据中挖掘出潜在的降本机会。

8.1.2 库存周转率低于行业均值

库存周转率是衡量企业采购成本控制效率的重要指标，而许多企业的库存周转率明显低于行业平均水平，这给企业带来了巨大的成本压力。

库存周转率低的首要原因在于需求预测的不准确。企业在制定采购计划时，若不能精准把握市场需求变化，容易出现采购过量或不足的情况。采购过量会导致大量库存积压，占用企业大量资金，增加仓储管理成本、库存损耗成本以及资金的机会成本；采购不足则可能引发生产中断，影响交货期，进而损害企业声誉和客户关系。

其次，供应链协同不足也是导致库存周转率低下的关键因素。企业与供应商、经销商之间的信息共享不充分，沟通机制不健全，使得供应链各环节难以实现高效协同运作。例如，供应商无法及时了解企业的生产计划和库存需求，导致供货不及时或供货量与需求不匹配；经销商不能及时反馈市场需求信息，使企业难以根据市场变化调整采购和生产策略。

此外，企业内部各部门之间的协作也存在问题，生产部门、销售部门与采购部门之间缺乏有效的沟通和协调，导致采购计划与生产、销售计划脱节，进一步降低了库存周转率。

8.1.3 缺乏全生命周期成本视角

当前，多数企业在采购成本控制过程中，普遍存在缺乏全生命周期成本视角的问题。企业往往只关注采购环节的直接成本，即产品的采购价格，而忽视了产品在整个生命周期中产生的其他成本，如运输成本、仓储成本、维护成本、废弃处理成本等。以设备采购为例，企业在采购设备时，可能为了降低初始采购成本，选择价格较低但质量和性能一般的设备。然而，在设备使用过程中，频繁的故障维修、高昂的能耗以及较短的使用寿命，使得设备的全生命周期成本远高于预期。

此外，缺乏全生命周期成本视角还体现在企业对供应商选择和管理上。企业在选择供应商时，过于注重短期的价格优势，而忽略了供应商的长期合作稳定性、产品质量可靠性以及可持续发展能力。从全生命周期成本角度来看，与不稳定的供应商合作，可能会面临交货延迟、产品质量问题等风险，进而增加企业的生产运营成本和潜在损失。

同时，企业在采购决策过程中，没有充分考虑产品对环境的影响以及相关的环保成本，随着环保法规的日益严格，这可能会给企业带来额外的成本负担和法律风险。

8.2 采购成本控制的 AI 破局之道

面对以上的采购成本控制痛点，AI 技术的引入，能为我们采购工作带来新的思路和解决办法。

AI 能通过大数据分析精准预测需求，优化采购计划，减少库存积压。同时，AI 可促进供应链信息透明化，提升协同效率，避免因信息不对称导致的成本增加。此外，AI 能全面评估供应商综合实力，确保长期合作稳定，降低全生命周期成本，助力企业实现精细化成本管理。

8.2.1 智能成本拆解系统

采购过程中，成本的控制是采购人员极为头痛的问题。如何才能挖掘出降低成本的潜在空间，如何才能精准识别成本构成，这是采购人需要解决的关键问题。传统的采购过程中，采购人习惯于依赖经验和直觉进行成本分析，或者使用 ABC 分析法去识别主要成本因素。然而，不管是靠经验，还是用 ABC 分析法，在复杂多变的市场环境下，都难以全面覆盖所有成本要素。

　　传统 ABC 分析法的核心逻辑是，按采购金额或数量对物料分类（A 类高价值、B 类中价值、C 类低价值），聚焦 A 类物料的成本控制。这种方式一方面仅基于历史数据，无法动态响应市场波动。另一方面未考虑供应商、工艺、物流等多维度成本驱动因素。

　　而智能成本拆解系统，通过机器学习、供应链网络建模与动态数据整合，可以实现成本的多维度拆解、预测与策略联动。与传统的 ABC 分析法相比，智能成本拆解系统能动态响应市场变化，综合考虑供应商、工艺、物流等多因素，精准识别成本构成，提高成本控制效率。其与传统 ABC 分析法的比较，如表 8-1 所示。

表 8-1　智能成本拆解系统与传统 ABC 分析法的比较

维度	传统 ABC	智能成本拆解系统
数据源	历史采购价格	实时市场价＋供应商产能＋物流成本
分析维度	单一物料价值	供应链全链路成本（采购＋生产＋物流）
动态性	年度更新	实时动态调整（小时级响应）
决策支持	分类管理	成本优化策略生成（如替代供应商推荐）

1. 智能成本拆解的实现

通过机器学习算法，智能成本拆解系统能够实时捕捉市场动态，精准分析各环节成本构成，自动生成优化策略。其核心在于数据驱动的决策支持，不仅能识别隐性成本，还能预测未来成本趋势，助力企业实现精细化成本管控，提升整体采购效率。

（1）数据来源。智能成本拆解的核心，是要实时整合数据，这些数据的来源有三种类型。

①内部数据：ERP 采购记录、BOM 清单、库存周转率。

②外部数据：大宗商品期货价格、海运费率、汇率波动。

③供应商数据：产能弹性、质量合格率、ESG 评分。

（2）成本影响仿真。AI 通过模拟不同情景下的成本变化，智能系统能够预测各因素对成本的影响，帮助企业提前规避风险，优化采购计划。例如，在原材料价格波动时，系统能迅速调整采购策略，推荐性价比更高的供应商，确保成本控制与供应链稳定。

在这个环节，我们会用到一些技术工具。

①数字孪生：构建供应链虚拟模型，模拟成本变化传导路径。

②蒙特卡罗模拟：量化供应商中断、价格波动等风险的影响。

在这些工具的辅助下，智能成本拆解系统能够更精准地预测成本波动，提供多方案优化建议，助力企业实现成本与供应链的双重优化。

2. 智能成本拆解系统的应用场景

智能成本拆解系统可以广泛应用于制造、零售、物流等行业，帮助企业实现供应链优化、库存管理、成本控制等多目标协同，提升运营效率和市场竞争力。

例如，在制造行业，系统可实时监测原材料价格波动，智能调整采购计划，降低成本风险；在零售行业，通过分析物流成本，优化配送路径，提升配送效率；在物流行业，精准预测运输成本，优化运输方案，降低整体运营成本。

通过智能成本拆解系统，企业不仅能精准掌握各环节成本，还能根据市场动态实时调整策略，实现采购与供应链管理的深度融合。系统通过内外部数据整合，模拟不同情景下的成本变化，提供多维度优化建议，助力企业在设计、生产、物流等环节实现成本最小化，构建高效、稳定的供应链体系，最终达成企业总成本降低的目标。

8.2.2 智能库存优化算法

在采购计划的章节，我们提到过 EOQ（经济订货量）模型，它能精确计算最佳采购量，避免库存成本风险。而结合 AI 预测，企业能动态调整 EOQ，确保库存既不过剩也不短缺，实现库存与需求的精准匹配。

1. EOQ 模型与 AI 的协同

（1）传统 EOQ 模型的局限性。传统的 EOQ 模型有一定的局限性，表现在三个方面。

①静态假设：固定需求速率、恒定订货成本、忽略需求波动。

②公式缺陷：未考虑供应链不确定性（如交货延迟、质量波动）。

③应用场景受限：仅适用于稳定需求的长尾物料。

（2）AI 协同下的动态 EOQ 模型。引入 AI 后，通过实时数据分析，动态调整需求预测和订货成本，克服静态假设局限。同时，纳入供应链不确定性因素，优化公式，拓宽应用场景，就可以实现库存与需求的动态平衡，提升库存周转率，降低资金占用。AI 增强的动态 EOQ 模型与传统 EOQ 模型对比，如表 8-2 所示。

表 8-2　AI 增强的动态 EOQ 模型与传统 EOQ 模型对比

维度	传统 EOQ 模型	AI 增强的动态 EOQ 模型
需求预测	历史平均需求	LSTM/Prophet 预测未来需求
成本参数	固定订货 / 持有成本	动态成本（含供应商价格波动）
不确定性	忽略供应链中断风险	蒙特卡罗模拟风险场景
决策频率	年度 / 季度批量计算	实时动态调整（小时级响应）

通过 AI 增强的动态 EOQ 模型，企业不仅能精准预测需求波动，还能实时调整订购策略，有效应对供应链不确定性，确保库

存水平最优，进一步降低运营成本，提升整体供应链效率。

AI 增强的动态 EOQ 计算公式如下。

$$Q^* = \sqrt{\frac{2DS}{H}} \times \alpha_{AI}(t) + \beta_{风险}(t)$$

其中，D 为年订购量，S 为平均每次采购的处理成本，H 为库存成本，α_{AI} 为 AI 预测的需求波动系数，β 风险为蒙特卡罗模拟的风险调整因子。通过引入 α_{AI} 和 β 风险，模型更贴近实际运营，显著减少因需求波动和供应链风险导致的额外成本，实现成本与风险的平衡管理。

2. 使用场景

在实际应用中，AI 增强的动态 EOQ 模型适用于多变的零售市场、季节性明显的制造业以及需求波动大的电商领域。通过实时数据驱动，企业能灵活应对市场变化，优化库存结构，减少库存积压，提升资金利用效率，确保供应链的高效运转。

比如，对长尾物料来说，其库存周转率一般较低，传统 EOQ 模型难以有效管理。AI 增强模型则能精准识别需求波动，预测长尾物料的月度需求概率分布，通过动态调整 EOQ 参数，优化订货频率和批量，能显著降低库存持有成本，提高库存周转效率，减少资金占用，确保供应链的灵活性和响应速度，从而提升企业整体运营效率。

8.2.3 总成本（TCO）智能分析

总所有权成本 (Total cost of ownership，TCO) 法，也称为总成本法，是在一定时间范围内识别所有成本要素的总体成本，然后各个击破，通过消除成本要素来降低成本的方案。

1. 总成本法

总成本法在于实现总成本的最小化，而不只是使采购环节的成本降低。因此，无论采用何种成本降低方法，企业都必须融入总成本法，从全局角度对成本进行分析，以免顾此失彼。

尤其是在某个采购项目进行的初期，企业对于可能需要投入的成本尚不明确，总成本法为企业提供了一种行之有效的成本估算方法。具体而言，总成本法的内容如图 8-1 所示。

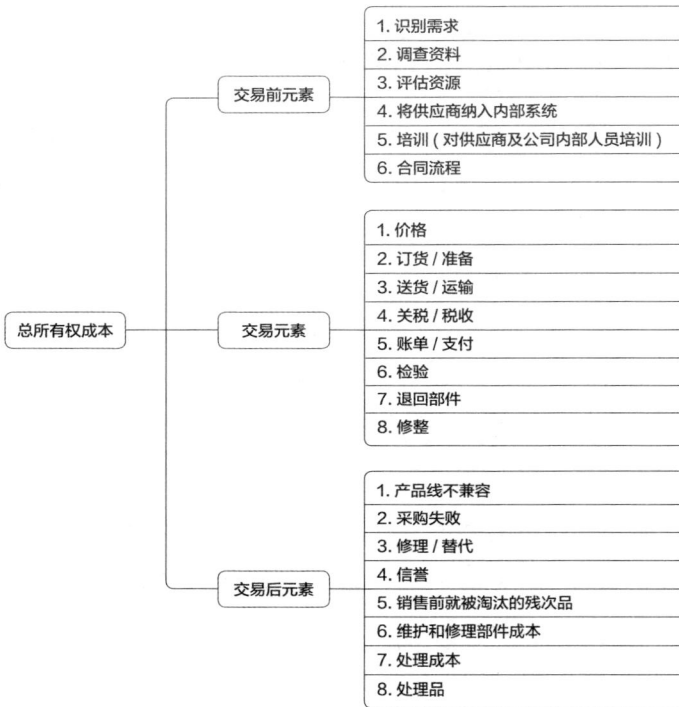

图 8-1　总成本法

总成本的内容十分丰富，涉及采购交易前、中、后等各环节的各类元素。因此，为了使总成本更加准确，企业应当在平时就对各类数据进行收集和整理，并将年度总成本作为企业管理的重要指标。

只有基于完善的总成本数据，识别总成本包含的所有成本要素，企业才能对当年年度成本的控制效果进行准确评估，并据此制定更加准确的下一年度目标。为此，企业可以采用金字塔结构透视法，进行总成本管理，如图 8-2 所示。

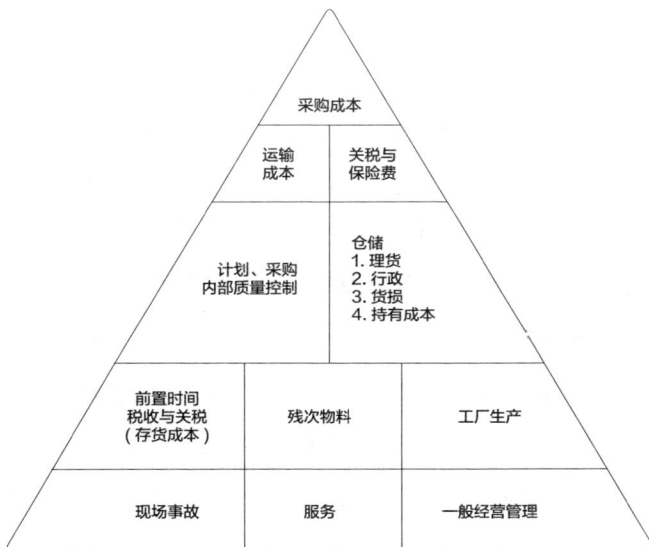

图 8-2　金字塔结构透视法

2. AI 协同下的 TCO——动态 TCO

总成本法在 AI 协同下，能更精准地识别和消除成本要素，我们称之为动态 TCO。动态 TCO 通过大数据分析和预测，帮助企业全面掌握成本结构，优化资源配置，从而在采购、库存、物流等环节实现成本最小化，提升整体运营效率。表 8-3 所示是 TCO 与动态 TCO 的对比。

表 8-3　TCO 与动态 TCO 的对比

成本类别	TCO	动态 TCO
采购成本	单价 × 数量	动态价格预测（含期货 / 汇率波动）

续表

成本类别	TCO	动态 TCO
持有成本	库存价值 × 持有费率	考虑库龄衰减（如过期损耗）
运输成本	固定运费 + 燃油附加费	实时物流费率 + 路径优化成本
管理成本	人工 + 系统费用	自动化流程节省率测算
风险成本	人工经验估算	蒙特卡罗模拟（供应商中断概率）

在 AI 协同的时候，我们关键要关注 AI 的数据来源、处理逻辑及算法透明度，确保成本数据的真实性和准确性。

（1）数据来源。数据来源一般分为内部数据和外部数据。内部数据包括企业 ERP、WMS、TMS 等系统记录的生产、库存、物流信息；外部数据则涵盖市场行情、汇率波动等公开数据。

（2）处理逻辑及算法。AI 需对数据进行清洗、分类、建模，确保分析结果的可靠性。动态 TCO 的公式如下：动态 TCO = $\sum$（各成本类别动态值）– $\sum$（优化节省成本）。通过此公式，企业不仅能实时监控成本变动，还能精准预测未来成本趋势，实现成本管理的智能化和高效化。

3. 应用场景

动态 TCO 在制造业中的应用尤为显著，通过实时监控原材料价格波动，企业能灵活调整采购策略，降低库存成本。在物流领域，动态 TCO 结合路径优化算法，显著减少运输费用。此外，动态 TCO 还能助力企业精准评估供应链风险，优化资源配置，提升整体运营效率。

例如，山东蔬菜销售到北京，通过动态 TCO 优化物流路径，五次转运减少至两次，25% 损耗降低至 5%，显著提升盈利空间。

笔者建议，动态 TCO 优先在高库存周转率、长尾 SKU 占比高的品类中试点，再逐步构建供应链成本智能中枢。

8.2.4 AI 下的供应商协同降本

供应商协同降本，是很多企业追求的目标。在传统的供应链管理模式下，供应商协同往往依赖人工沟通和经验判断，效率低下且误差较大。比如信息孤岛问题，导致上下游企业间数据互联不畅，资源浪费严重。比如静态定价问题，导致企业在市场波动中难以灵活应对，成本控制不力。比如信任缺失问题，导致供应商与企业在合作中缺乏透明度，进而影响合作稳定性。

AI 技术的引入，通过数据整合、智能定价分析和动态定价，能有效打破信息孤岛，提升协同效率，建立信任机制。AI 技术能实时分析市场动态，智能调整采购策略，降低库存成本，提升供应链灵活性。如表 8-4 所示，AI 下的供应链协同模式与传统模式相比，有很多的优势。

表 8-4 AI 下的供应链协同模式与传统模式对比

维度	传统模式	AI 协同降本模式
数据整合	供应商孤岛	构建供应商数据湖（ERP/SCM/IoT）

维度	传统模式	AI 协同降本模式
定价机制	固定价格 + 年度谈判	动态定价模型（含市场波动因子）
协作目标	采购方单方面降本	供应链总成本最小化（TCO 共享）

1. AI 下的供应链协同降本步骤

（1）供应商画像与分级。要对供应商进行全面评估，依据绩效管理指标设定与分级管理，区分其优势和劣势。要通过 API 对接供应商 ERP 系统，获取实时产能 / 库存数据，确保供需匹配。同时，利用大数据分析，评估供应商的履约能力和风险等级，为后续合作提供数据支撑。通过智能算法，优化供应商组合，实现资源的最优配置。

（2）动态采购策略。要基于市场波动和需求预测，动态调整采购量和价格，确保在价格低谷期采购，高峰期减少库存，降低成本。图 8-3 所示是动态采购策略的具体决策流程。

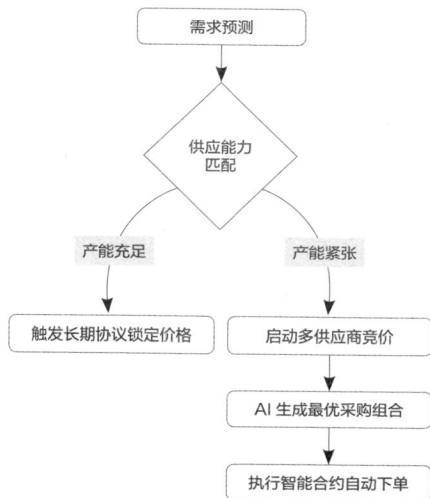

图 8-3　动态采购策略的具体决策流程

（3）协同履约监控与反馈。通过实时监控供应商履约情况，利用 AI 算法分析履约数据，及时发现并解决潜在问题，确保供应链稳定。在这个过程中，我们就要用到智能合约。智能合约自动执行采购合同条款，严格执行价格调整规则、质量惩罚机制。如果触发了智能合约的违约条款，系统将自动进行赔付处理，保障双方权益。

2. 实用场景

供应商协同降本，在 AI 的加持下，能够实现更精准的成本控制和风险预警，未来将会在更多领域广泛应用。例如，在医药行业中，AI 技术可助力企业精准预测原材料需求，优化采购计划，降低库存成本；在制造业中，AI 协同模式能实时监控供应链各环节，提升生产效率，减少浪费。

　　未来，采购成本控制将不再局限于单一部门的努力，而是通过全系统协同，实现从原料采购到销售的全方位优化。借助 AI 技术，企业能够精准预测市场需求，动态调整采购策略，从而优化供应链资源配置，降低整体成本。通过电子目录系统，快速对接更多供应商，提升采购效率，实现供应链总成本最小化。

第九章

采购谈判的 AI 博弈

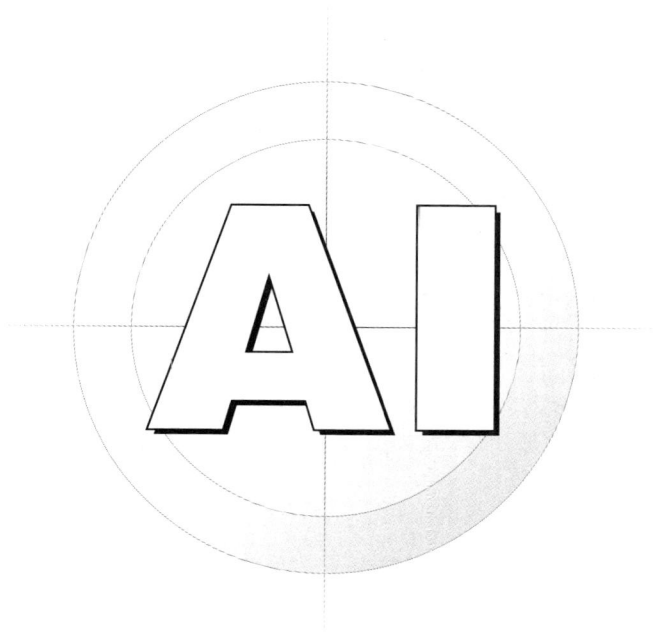

9.1 采购谈判的痛点聚焦

在企业的采购管理流程中，采购谈判是决定采购成本、质量以及长期合作关系的关键环节。然而，随着市场环境的日益复杂、供应商数量的不断增多以及竞争的愈发激烈，采购谈判面临着诸多挑战。

9.1.1 价格谈判耗时超 8 小时 / 单

在采购实践中，价格谈判往往占据了采购人员大量的时间和精力。平均每单价格谈判耗时超过 8 小时，这一现象严重影响了采购工作的效率和企业的运营成本。导致价格谈判耗时过长的原因是多方面的。

从采购方角度来看，首先，内部决策流程烦琐是一个重要因素。在价格谈判过程中，采购人员需要与内部多个部门进行沟通协调，如财务部门评估成本预算、使用部门确认产品规格和质量要求、管理层进行最终决策等。每一个环节都需要时间进行信息传递、意见反馈和审批，一旦出现沟通不畅或意见分歧，谈判进程就会被严重拖延。

例如，某制造企业在采购一批原材料时，采购人员与供应商就价格达成初步意向后，由于财务部门对成本核算存在异议，认为超出了预算范围，要求重新谈判。采购人员不得不再次与供应商沟通，反复协商价格，同时还要在企业内部与财务部门进行多次协调，最终导致整个价格谈判过程持续了近 15 个小时，不仅错过了最佳采购时机，还增加了采购成本。

其次，采购人员的谈判能力和经验不足也会延长谈判时间。一些采购人员缺乏系统的谈判技巧培训，在面对供应商的各种谈判策略时，无法迅速做出有效的应对，只能通过不断地试探和妥协来推进谈判。

例如，在谈判中，供应商可能会使用拖延战术，故意放慢谈判节奏，迫使采购方做出让步。而经验不足的采购人员往往难以识破这种策略，进而陷入漫长的谈判拉锯战中。

此外，部分采购人员对市场行情了解不够深入，无法准确把握价格底线，在谈判中不敢果断决策，也是导致谈判时间过长的原因之一。

从供应商角度分析，部分供应商为了获取更高的利润，会采取拖延谈判的策略。他们希望通过长时间的谈判，让采购方产生疲惫感和紧迫感，从而在价格上做出更大的让步。同时，一些供应商内部也存在决策流程不顺畅的问题，对于采购方提出的价格要求，需要层层上报审批，这也会导致谈判进度缓慢。

例如，某企业在采购办公用品时，与一家供应商进行价格谈判，供应商表示需要向总部请示价格，而总部的审批流程又十分复杂，每次回复都需要等待数天时间。在这种情况下，谈判持续了数周之久，严重影响了企业的采购进度。

价格谈判耗时过长带来的负面影响不容忽视。

一方面，它增加了企业的采购成本。长时间的谈判意味着采购人员的时间成本、差旅成本等不断增加，同时，由于错过最佳采购时机，可能会导致原材料价格上涨，进一步增加采购成本。

另一方面，过长的谈判时间也会影响企业的生产计划和市场响应速度。如果因为采购谈判延误了原材料的采购，可能会导致生产线停工，影响产品的交付时间，进而影响企业的市场声誉和客户满意度。

9.1.2　供应商报价水分难以识别

在采购谈判中，供应商报价水分难以识别是另一个让采购人员头疼的问题。供应商为了获取更高的利润，往往会在报价中加入一定的水分，而采购方如果无法准确识别这些水分，就可能会支付过高的采购成本。

供应商报价水分难以识别的原因主要有以下几点。

首先，市场信息不对称是根本原因。在市场环境中，供应商对产品的成本、市场供需情况等信息掌握得更加全面和准确，而采购方由于缺乏有效的信息收集渠道和分析能力，往往处于信息劣势地位。

例如，在一些新兴行业，由于技术更新换代快，产品成本结构复杂，采购方很难准确了解供应商的生产成本和合理利润空间。供应商就会利用这种信息不对称，在报价中加入大量水分。

其次，供应商的报价策略多样且隐蔽。一些供应商会采用捆绑报价、模糊报价等方式，让采购方难以分辨价格的合理性。比如，供应商在报价时将产品价格与售后服务、运输费用等捆绑在一起，不明确列出各项费用的具体明细，使采购方无法准确判断产品本身的价格是否合理。还有一些供应商会在报价单上使用模糊的表述，如"根据市场行情定价""参考行业标准"等，不提供具体的价格计算依据，增加了采购方识别报价水分的难度。

此外，采购人员的专业知识和经验不足也会影响对报价水分的识别。部分采购人员对产品的技术参数、生产工艺、原材料价格等方面的知识了解不够深入，无法从技术和成本的角度对供应商的报价进行准确分析。

例如，在采购电子元器件时，采购人员如果不了解元器件的制造工艺和原材料价格波动情况，就很难判断供应商的报价是否合理。同时，一些采购人员缺乏与供应商打交道的经验，无法通过观察供应商的谈判态度、行为等细节来判断报价的真实性。

供应商报价水分难以识别给企业带来了诸多风险。

一方面，会直接导致企业采购成本增加，降低企业的盈利能力。如果企业长期以过高的价格采购原材料或产品，将严重影响产品的市场竞争力。

另一方面，不合理的报价可能会导致企业与供应商之间的合作关系不稳定。当采购方发现自己支付了过高的价格后，可能会对供应商产生不信任感，进而影响后续的合作。

此外，报价水分过高还可能引发采购腐败问题，一些采购人员可能会与供应商勾结，故意接受高报价，从中谋取私利，损害企业的利益。

9.1.3 谈判策略缺乏数据支撑

在当今数据驱动的时代，采购谈判也需要依靠数据来制定科学合理的策略。然而，目前许多企业在采购谈判中，谈判策略缺乏数据支撑，主要依赖采购人员的经验和直觉，这使得谈判策略的有效性和针对性大打折扣。

造成谈判策略缺乏数据支撑的原因主要有以下几个方面。

首先，企业缺乏完善的数据收集和管理体系。在采购过程中，涉及大量的数据，如市场价格波动数据、供应商历史报价数据、采购成本数据、产品质量数据等。但很多企业没有建立起有效的数据收集机制，无法及时、准确地获取这些数据。有的企业即使收集到了部分数据，也存在数据分散、格式不统一、质量不高等问题，难以进行有效分析和利用。

例如，某企业在采购过程中，不同部门使用不同的系统记录采购数据，导致数据无法共享和整合，采购人员在制定谈判策略时，无法获取全面准确的数据支持。

其次，数据分析能力不足也是一个重要原因。虽然一些企业意识到了数据的重要性，但缺乏专业的数据分析人才和工具。采购人员大多缺乏专业的数据分析技能，无法对收集到的数据进行深入挖掘和分析，难以发现数据背后的规律和价值。同时，企业也缺乏先进的数据分析软件和平台，无法对大量的数据进行快速处理和可视化展示，使得数据的利用效率低下。

此外，企业对数据驱动谈判策略的重视程度不够。一些企业仍然停留在传统的采购管理模式中，认为采购谈判主要依靠采购人员的个人能力和经验，忽视了数据在谈判中的重要作用。在制定采购计划和谈判策略时，没有将数据分析纳入决策流程，导致谈判策略缺乏科学性和合理性。

谈判策略缺乏数据支撑给采购谈判带来了一系列问题。由于缺乏数据支持，采购人员在谈判中无法准确把握市场价格走势和供应商的底线，难以制定出具有针对性的谈判策略。

例如，在价格谈判中，采购人员不知道当前市场的平均价格水平，也不了解供应商的成本结构，只能盲目地与供应商讨价还价，很难取得理想的谈判结果。同时，缺乏数据支撑的谈判策略也难以评估其有效性和可行性。企业无法通过数据分析来总结经验教训，不断优化谈判策略，导致谈判效率和效果难以得到提升。

此外，在与供应商的长期合作中，由于没有数据作为依据，企业难以对供应商进行科学的评估和管理，无法建立起稳定、可靠的供应链体系。

9.2　采购谈判中的 AI 决胜策略

AI 技术可通过对海量数据的深度分析，精准预测市场价格走势和供应商行为，为采购人员提供科学的谈判策略。通过 AI 算法，企业能快速整合分散的数据，实现数据标准化处理，提升数据分析效率。同时，AI 还能模拟不同谈判场景，评估策略可行性，帮助采购人在谈判中占据优势。借助 AI，企业能建立数据驱动的供应商评估体系，优化供应链管理，确保采购过程的透明和高效。

9.2.1　AI 如何辅助生成谈判策略

我们在前面的痛点聚焦中能够清晰地看到，传统的采购谈判存在诸多痛点，信息不对称、谈判策略僵化、采购人的情绪干扰等，都是谈判中的不利因素。AI 技术的引入，能够有效解决这些问题。通过大数据分析，AI 能提供精准的市场信息和供应商动态，帮助采购人员制定灵活多变的谈判策略。

如表 9-1 所示，AI 谈判模式与传统谈判有着显著差异。

表 9-1　AI 谈判模式与传统谈判有着显著差异

维度	传统谈判	AI 谈判模式
数据基础	历史价格记录	实时市场数据 + 供应商数字画像
策略生成	经验法则（如"砍价 10%"）	博弈论 + 强化学习动态优化
风险控制	依赖人工预判	蒙特卡罗模拟 + 压力测试

那如何有效利用 AI 辅助谈判呢？

1. 谈判前准备：供应商数字画像

在谈判前，采购人应利用 AI 生成的供应商数字画像，全面了解供应商的历史表现、信誉评级、成本结构及市场口碑，精准定位其底线和谈判诉求，为制定策略提供坚实数据支撑。

如何才能做好供应商数字画像？当然要有足够的数据做支撑，企业需使用 AI 工具收集供应商的历史交易数据、市场反馈、财务状况等信息，并通过算法模型进行多维度的数据分析和挖掘，构建出详尽的供应商画像。

2. 动态策略生成：多轮谈判模拟

采购人员通过 AI 工具进行多轮谈判模拟，预设不同情境下的应对策略，实时调整谈判方案，确保策略的灵活性和适应性。在谈判开始后，AI 还能实时分析对手行为，提供即时策略建议，助力采购人员在谈判中占据主动。

具体的策略非常多，如利用博弈论模型预测对方反应，结合强化学习不断优化策略，确保每一步都精准有力。此外，AI 还能通过情感分析捕捉对方情绪变化，及时调整谈判策略，提升谈判成功率。

3. 谈判后执行：智能合约自动履约

AI 谈判模式在谈判后执行阶段，通过智能合约自动履约，确保协议条款的精准执行。经办者利用 AI 工具，根据谈判结果，明确执行方案的细节，生成智能合约，自动监督双方履行义务，减少人为失误，提升执行效率，确保双方对后续执行形成共识，保障谈判成果的有效落地。

不过，采购人员一定要明白，在采购谈判中，也许我们利用 AI 通过各种技巧或企业的天然优势，可以让对方毫无招架之力，但强势紧逼的结果通常是谈判失败——因为对方有其自身的利益考量。如果采购人员过于注重"利己主义"，却忽视了合作的理念，双方就不会形成一致的价值主张，谈判也必然破裂。

追求"单赢"的谈判，结果往往是"双输"。

采购谈判必然以共赢为基础，不仅是利益共赢，更包括思维共赢、战略共赢与发展共赢。在采购管理中，企业的采购不仅是采购本身，还包括供应链战略、研发设计等维度的深入合作，只有这样才能实现可持续的协同发展。

9.2.2　采购谈判中的价格趋势预测

在采购谈判中，精准预测价格趋势是获取有利采购条件的关键环节。随着 AI 技术的深度介入，价格趋势预测已从传统的经验分析迈向智能化、精准化阶段。准确把握价格走势，企业能够提前规划采购策略，有效控制成本，增强市场竞争力。

价格趋势预测并非简单的猜测，而是基于多维度数据和 AI 驱动的科学分析方法的综合运用。

1.　历史采购数据是价格趋势预测的基础

企业借助 AI 的数据挖掘技术，可全面收集过去一段时间内各类原材料、商品或服务的采购价格数据，包括采购时间、数量、供应商信息等。AI 强大的处理能力能快速对海量数据进行清洗、整合，构建起完整的价格变化时间序列。

例如，利用 AI 的机器学习算法执行移动平均法，可自动计算一段时间内的平均价格，有效平滑短期数据波动，凸显长期价格趋势。若某原材料过去 12 个月的采购价格呈现季节性波动，每年夏季价格较低，冬季价格较高，AI 不仅能快速识别这一规律，还能通过分析历年数据，预测未来季节性波动的幅度和时间节点，为后续预测提供重要参考。

2.　市场因素对价格趋势的影响

除了历史数据，市场因素对价格趋势的影响也不容小觑。AI

凭借强大的信息抓取和分析能力，实时监控宏观经济数据，如 GDP 增长率、通货膨胀率、利率等。

通过 NPL，AI 可从新闻报道、政策文件等非结构化数据中提取关键信息，分析宏观经济环境对市场整体需求和购买力的影响，进而预测商品价格走势。当经济增长强劲，需求旺盛时，AI 能快速识别价格上升压力信号；在经济衰退时，也能及时捕捉需求萎缩导致价格下跌的趋势。

在行业数据层面，AI 可自动收集行业生产数据、库存数据和需求数据，通过数据分析模型进行深度挖掘。以半导体行业为例，若行业生产数据显示产能大幅提升，而库存水平居高不下，同时市场对半导体产品的需求增长缓慢，AI 可迅速分析出该行业产品价格大概率会下降，并给出具体的价格波动范围预测。

此外，AI 对商品期货价格、现货价格以及进出口数据等市场数据的实时监测和分析，能更直观地反映市场供需关系和价格波动情况，期货价格的波动常常提前预示着现货市场价格的走向，AI 密切跟踪期货市场动态，可提前洞察价格趋势变化，并及时向企业预警。

3. 善用 AI 算法模型

为了更精准地预测价格趋势，企业还可借助先进的 AI 算法模型。回归分析在 AI 的加持下变得更为智能和高效，AI 能够自动选择合适的变量，建立价格与时间、供应量、需求量、宏观经济指标等变量之间的回归模型，定量分析各因素对价格的影响程度，从而预测未来价格走势。

比如在分析某农产品价格时，AI 发现其价格与当年降雨量、种植面积以及市场需求存在显著线性关系，利用线性回归模型，输入相关变量的预测值，即可得出该农产品未来价格的预测结果，并且能根据新数据的不断输入，自动优化模型参数，提高预测准确性。

聚类分析在 AI 的助力下，可将相似的采购数据快速聚类，识别不同类别之间的差异，深入剖析价格波动的原因。将不同供应商的同类产品采购数据进行聚类，AI 可发现某些供应商因生产成本结构不同，价格波动规律也有所差异，进而为企业针对性地制定采购策略提供详细建议。

随着人工智能技术的发展，神经网络等复杂模型在价格预测中的应用日益广泛。神经网络模型能够处理高度非线性的数据关系，通过对大量历史数据的学习，自动提取数据特征，构建复杂的价格预测模型，提高预测的准确性和可靠性。

例如，深度学习中的循环神经网络（RNN）及其变体长短期记忆网络（LSTM），能够有效处理时间序列数据，捕捉价格变化的长期依赖关系，对价格趋势进行更精准的预测。

价格趋势预测并非一劳永逸，市场环境瞬息万变，新的因素不断涌现。AI 驱动的实时数据监控系统可 7×24 小时持续跟踪市场动态，及时捕捉价格变化信号。一旦发现价格趋势与预期不符，AI 能够迅速调用新数据对预测模型进行重新训练和调整，帮助企业及时调整采购策略。若原本预测某原材料价格将稳步上涨，因突发政策调整，该原材料供应大幅增加，价格出现下跌趋势，AI 可立即分析出价格变化的原因和趋势，提醒企业调整采购计划，抓住价格下降的时机增加采购量，降低采购成本。

9.2.3　智能谈判机器人如何建构

　　智能谈判机器人作为 AI 技术在采购谈判领域的典型应用，未来可能改变采购谈判的模式，大幅提升谈判效率和效果。建构智能谈判机器人是一个深度融合 AI 多项前沿技术的复杂系统工程，涉及自然语言处理、机器学习、知识图谱等核心 AI 技术。

1.　明确智能谈判机器人的功能定位和目标

　　基于 AI 强大的学习和推理能力，机器人应能够理解人类语言，准确识别谈判对手的意图和需求，自动生成合理的谈判策略和回应内容。在采购谈判场景中，机器人要能根据采购方的需求和预算，结合市场行情和供应商信息，与供应商进行有效沟通和协商，争取最优的采购条件。

　　自然语言理解（NLU）是智能谈判机器人的核心能力之一，AI 在其中发挥着关键作用。通过收集和标注大量谈判文本数据，利用 AI 的机器学习算法，如基于 Transformer 架构的 BERT、GPT

等模型，训练机器人的自然语言理解能力。

这些模型能够更好地捕捉语言中的语义和语法关系，处理复杂的语言表达。AI 还可以引入语言模型预训练技术，让机器人在大规模无监督数据上进行预训练，学习通用的语言知识，再针对谈判领域的数据进行微调，进一步提升对谈判语言的理解能力。

例如，当供应商提出复杂的合作要求时，智能谈判机器人借助 AI 的自然语言理解技术，能够准确解析其中的关键信息，如产品规格、价格、交货期等，理解供应商的真实意图，是询问价格、要求折扣，还是协商交货时间，为后续谈判策略制定提供准确依据。

2. 谈判管理器负责管理整个谈判流程

谈判管理器负责管理整个谈判流程，AI 赋予其强大的决策能力。根据自然语言理解的结果，结合预先设定的谈判策略和规则，AI 驱动的谈判管理器能够自动分析谈判的目标、当前的谈判状态、双方的让步情况等因素，决定下一步的行动。

在谈判初期，机器人可能先以试探性的问题了解供应商的基本情况和报价范围；随着谈判的推进，AI 通过对供应商的回应和让步程度进行实时分析，运用强化学习等算法，动态调整谈判策略，如提出更具体的需求、要求对方提供更多优惠条件等。

当谈判陷入僵局或出现冲突时，AI 能够自动采取缓解措施，如通过分析历史成功案例，提出妥协方案、转移话题等，推动谈判继续进行。

3. 生成式内容创作

自然语言生成（NLG）是让智能谈判机器人能够以自然流畅的语言回复谈判对手，AI 同样功不可没。AI 根据谈判管理器的决策和相关信息，利用深度学习模型，如序列到序列（Seq2Seq）模型，结合注意力机制，生成符合谈判语境和逻辑的文本内容。

智能谈判机器人生成的回复不仅要准确传达信息，还要考虑语言的表达方式和语气，以增强谈判的效果。在回复供应商关于价格的询问时，机器人不仅要给出合理的价格范围，还要利用 AI 的知识图谱技术，解释价格的构成和合理性，使用恰当的语言技巧，如委婉的措辞、强调合作的好处等，提高供应商对价格的接受度。

为了生成高质量的回复内容，AI 要基于模板的方法和基于深度学习的方法相结合。先准备一些常用的谈判技巧模板，根据具体情况进行填充和调整；同时，利用深度学习模型生成更加灵活和个性化的回复，使机器人的语言表达更具多样性和适应性。

4. 知识库准备

知识库是智能谈判机器人的知识储备库，AI 通过知识图谱技术对其进行构建和管理。AI 将与谈判相关的各种信息，如产品知识、市场行情、供应商信息、历史谈判案例等进行关联和整合，形成结构化的知识网络，便于机器人快速检索和利用。

当机器人在谈判中遇到关于产品规格的问题时，AI 能够从知识库中迅速获取相关产品的详细信息，并给出准确的解答；在制定谈判策略时，AI 参考历史谈判案例，运用案例推理技术，分析类似情况下的成功经验和失败教训，为当前谈判提供决策支持。

在建构智能谈判机器人的过程中，AI 还承担着大量的测试和优化工作。通过模拟真实的谈判场景，让机器人与不同类型的对手进行谈判，AI 收集谈判数据，利用数据分析和评估算法，对机器人的自然语言理解准确率、谈判策略的合理性、回复内容的质量等指标进行评估。

根据评估结果，AI 自动调整模型参数、优化谈判策略和规则，不断提升机器人的性能和谈判能力。同时，AI 持续监控市场动态和行业变化，自动更新知识库，确保其中的信息始终保持准确和及时，以适应不断变化的市场环境和谈判需求。

9.2.4　供应商让步行为分析

在采购谈判中，供应商的让步行为对谈判结果起着至关重要的作用。AI 技术的应用为深入分析供应商的让步行为提供了全新的视角和方法，有助于采购方更好地把握谈判节奏，制定有效的谈判策略，实现自身利益最大化。

供应商的让步行为往往受到多种因素的驱动，AI 能够快速、全面地分析这些因素。

从经济利益角度来看，AI 通过收集和分析市场数据，如市场上同类产品供应商数量、采购方的议价能力等，评估供应商面临的竞争压力。当市场上同类产品供应商众多，采购方具有较强的议价能力时，AI 可预测供应商为了获取订单、维持市场份额，可能会在价格、交货期等方面做出让步。

AI 还会分析供应商自身的生产能力和库存情况，利用图像识别、物联网数据采集等技术，获取供应商的生产设备运行状态、库存水平等信息。如果供应商产能过剩，库存积压严重，为了加快资金周转，消化库存，AI 可判断他们更有可能在谈判中做出较大让步；相反，若供应商生产任务饱满，产品供不应求，AI 能及时识别其让步的空间和意愿相对较小。

从合作关系层面分析，AI 通过对供应商与采购方之间的合作历史数据进行挖掘和分析，评估双方的合作意向和信任程度。AI 可分析双方过往交易的履约情况、沟通频率、合作项目数量等指标，判断供应商是否希望与采购方建立长期稳定的合作关系。

若供应商希望建立长期合作，为了维护良好的合作氛围，AI 可预测其在一些非关键问题上可能会选择让步。对于长期合作且信誉良好的采购方，AI 可推测供应商可能会给予一定的价格优惠或更灵活的付款条件；反之，若双方合作关系紧张，缺乏信任基础，AI 可提醒采购方供应商可能会在谈判中表现得较为强硬，不愿意轻易让步。

在谈判过程中，供应商的让步方式和节奏也具有一定的规律和特点，AI 能够对其进行精准分析和预测。常见的让步方式包括等额让步、递增式让步、递减式让步和一次性让步等，AI 通过对大量历史谈判数据的学习，建立供应商让步行为模型，识别不同供应商在不同谈判场景下的让步模式。

等额让步即每次让步的幅度相同，AI 可分析出这种方式较为简单直接，但容易让采购方看出让步的规律，从而不断施压。

递增式让步是指让步幅度逐渐增大，AI 能预测这种方式可能会让采购方认为供应商的底线还未触及，进而提出更多要求，增加谈判风险。

递减式让步则是让步幅度逐渐减小，AI 可向采购方传递出让步越来越困难的信号，让采购方意识到已经接近供应商的底线，从而在一定程度上遏制采购方的进一步施压。

一次性让步通常发生在谈判后期，当供应商认为继续僵持下去可能会导致谈判破裂，而做出的一次性较大幅度的让步，以促成交易达成，AI 能够根据谈判进程和双方的谈判态度，预测供应商是否会采取一次性让步策略。

此外，AI 还能分析供应商的让步节奏，判断有些供应商可能在谈判初期就迅速做出一些小的让步，以营造良好的谈判氛围，推动谈判进程；而有些供应商则会在谈判后期，在关键问题上才做出实质性让步。

采购方可以通过 AI 制定多种策略来引导供应商做出让步。

在谈判前，AI 利用网络爬虫技术，充分收集市场信息，了解供应商的竞争对手情况、产品成本结构等，以此作为谈判的筹码，为采购方制定谈判策略提供数据支持，增加对供应商的压力，促使其让步。

在谈判过程中，AI 协助采购方采用"步步为营"的策略，通过分析供应商的让步历史和当前谈判状态，建议采购方逐步提出要求，每次要求的幅度不宜过大，让供应商在不知不觉中做出一系列小的让步，最终实现采购方的目标。

例如，先要求供应商降低一定比例的价格，在得到同意后，AI 再根据供应商的反应，建议采购方提出缩短交货期或增加售后服务内容等要求。

AI 还能利用"交换条件"的策略，通过分析采购方和供应商的利益诉求，提出采购方在某些方面的让步，以换取供应商在其他更重要方面的让步。如 AI 建议采购方同意增加采购量，以换取供应商更大幅度的价格折扣。

采购方还需借助 AI 注意识别供应商的虚假让步行为。有些供应商可能表面上做出让步，但实际上通过其他方式弥补损失，如降低产品质量、减少售后服务等。AI 通过对供应商的生产流程数据、产品质量检测数据、售后服务记录等进行分析，识别供应商的潜在风险行为。

在谈判中，AI 提醒采购方明确各项条款的具体标准和要求，利用智能合约等技术，确保供应商的让步是真实有效的，不会对采购方的利益造成潜在损害。

第十章

采购合规与风险的 AI 防线

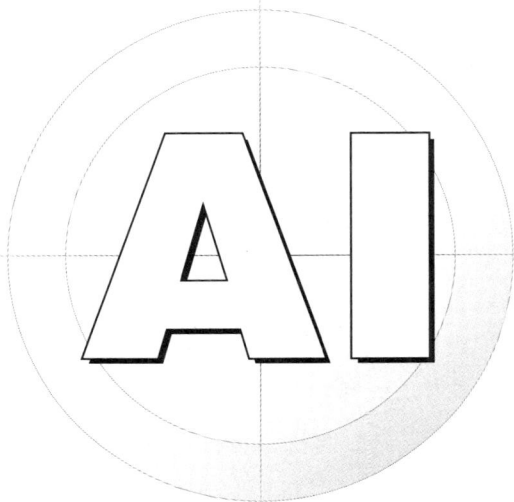

10.1　采购合规的痛点聚焦

采购过程中，合规问题一直是企业关注的重点。在传统的采购过程中，企业需耗费大量人力物力进行合规审查，即使是这样，仍难以完全规避风险。

10.1.1　合同条款审查遗漏率达 35%

在传统采购业务中，合同条款审查主要依赖人工完成。由于采购合同数量庞大、条款内容复杂，审查人员往往需要在有限的时间内处理大量合同，这使得合同条款审查遗漏问题极为突出。相关数据显示，合同条款审查遗漏率高达 35%。

以某大型制造企业为例，其每年签订的采购合同超过万份，涵盖原材料采购、设备采购、服务采购等多个领域。合同内容涉及交货时间、质量标准、违约责任、付款方式等众多关键条款。审查人员在面对如此庞大的工作量时，难免出现疏忽。

比如，在一份原材料采购合同中，关于原材料质量验收标准的条款表述模糊，审查人员未能及时发现，导致后续在验收环节，企业与供应商就原材料是否符合质量要求产生争议。由于合同条款约定不明确，企业在纠纷处理中处于被动地位，不仅耗费了大量的时间和精力，还造成了经济损失。

此外，部分合同中存在的隐性风险条款，如不合理的免责条款、对企业不利的争议解决方式等，也因人工审查的局限性而被遗漏，为企业带来潜在的法律风险和经营风险。

10.1.2　供应商违规行为发现滞后

传统的供应商管理模式中，对供应商违规行为的监测主要依靠定期的检查和供应商的自我申报。这种方式存在严重的滞后性，往往在供应商违规行为已经对企业造成较大影响后，才被发现。

在实际业务中，供应商可能存在多种违规行为，如以次充好、擅自变更原材料、延迟交货等。

某零售企业在与一家食品供应商合作过程中，该供应商为了降低成本，在生产过程中擅自使用了不符合质量标准的原材料，但在定期检查的间隔期内，这些违规行为并未被及时发现。直到市场上出现消费者投诉，企业对产品进行抽检时，才发现问题。此时，企业不仅需要召回问题产品，面临消费者的信任危机，还要承担因供应商违规行为导致的经济损失，包括赔偿消费者、重新采购原材料、重新生产等费用。而且，由于发现滞后，企业难以在第一时间采取有效措施约束供应商，遏制违规行为的进一步扩大，使得企业在供应链管理中处于被动局面。

10.1.3 采购审计耗时超人工 5 倍

传统的采购审计工作主要由审计人员通过查阅大量的采购单据、合同、发票等资料，进行人工核对和分析。这种方式不仅效率低下，而且耗时耗力。据统计，传统采购审计耗时超人工方式的 5 倍。

在采购审计过程中，审计人员需要对采购流程的各个环节进行审查，包括采购计划的制定、供应商的选择、合同的签订、货物的验收、款项的支付等。每个环节都涉及大量的数据和文件，审计人员需要逐一核对、分析，以确保采购活动的合规性和合理性。

例如，在对一家建筑企业的采购审计中，审计人员需要审查数千份采购单据和合同，涉及不同的项目、供应商和采购类别。由于数据量大且分散，审计人员需要花费大量的时间进行数据整理和比对，整个审计过程可能需要数月时间才能完成。而且，人工审计还容易出现错误和遗漏，影响审计结果的准确性和可靠性。

此外，随着企业业务的不断发展和采购规模的不断扩大，传统的人工采购审计方式已经难以满足企业对采购风险管控的需求。

10.2　AI 风控体系

利用自动化采购审计系统，企业可实时监控采购流程，迅速识别违规行为，显著提升审计效率，确保采购活动的合规性与合理性，有效防范供应链风险。

10.2.1　合同智能审核系统

合同智能审核系统基于自然语言处理（NLP）技术，能够对合同文本进行深度解析和智能审查，有效解决合同条款审查遗漏的问题。该系统通过训练大量的合同文本数据，学习合同条款的语言模式和法律逻辑，能够准确识别合同中的关键条款和潜在风险。

当一份合同进入审核系统后，系统会自动提取合同中的关键信息，如合同主体、标的、价格、履行期限、违约责任等，并与预先设定的合规模板和风险规则进行比对。一旦发现合同条款存在模糊表述、不合理约定或潜在法律风险，系统会立即发出预警，并标注风险点和提供修改建议。

例如，对于合同中关于交货时间的条款，如果表述不明确，系统会识别出来，并提示补充具体的交货日期和逾期交付的违约责任。同时，系统还可以对合同中的法律术语进行解析，确保合同条款符合相关法律法规的要求。

与传统人工审查相比，合同智能审核系统不仅能够大幅提高审查效率，将审查时间缩短 80% 以上，还能降低审查遗漏率，将遗漏率从 35% 降低至 5% 以下，有效保障企业合同签订的合法性和规范性。

10.2.2 供应商行为风险画像

供应商行为风险画像通过收集和整合供应商的各类数据，包括基本信息、交易记录、信用评级、行业口碑等，利用机器学习算法对供应商的行为进行分析和预测，构建出供应商的风险画像，实现对供应商违规行为的实时监测和预警。

系统会对供应商的各项数据进行实时跟踪和分析，一旦发现异常行为，如交货延迟次数突然增加、产品质量合格率下降、财务状况恶化等，就会自动触发风险预警机制，并根据风险程度对供应商进行风险等级划分。

例如，当某供应商的交货延迟率连续三个月超过行业平均水平时，系统会将其风险等级调高，并向企业采购部门发出预警，提醒采购人员加强对该供应商的关注和管理。通过供应商行为风险画像，企业可以提前发现供应商的潜在风险，及时采取措施进行干预，如调整采购份额、加强质量检验、要求供应商提供担保等，避免因供应商违规行为给企业带来损失。

同时，AI 系统还可以为企业选择优质供应商提供数据支持，帮助企业优化供应商资源，提高供应链的稳定性和可靠性。

10.2.3　采购审计自动化

采购审计自动化模型集成了大数据分析、人工智能等技术，实现了采购审计工作的自动化和智能化，大幅提高审计效率，降低审计成本。

该模型能够自动采集和整合采购业务中的各类数据，包括采购订单、合同、发票、验收单等，并对数据进行清洗、分类和分析。通过预设的审计规则和算法，平台可以自动识别采购流程中的异常交易和潜在风险，如价格异常波动、重复采购、超预算采购等。

例如，当模型发现某笔采购订单的价格明显高于市场平均水平时，会自动生成审计疑点，并提供相关的数据对比和分析报告。审计人员只需对这些疑点进行进一步核实和调查，无需再进行大量的人工数据核对工作。

与传统人工审计相比，采购审计自动化模型将审计时间缩短了 80% 以上，审计成本降低了 60% 以上，同时还提高了审计结果的准确性和可靠性。此外，模型还可以生成可视化的审计报告，直观地展示采购业务的风险状况和审计结果，为企业管理层提供决策支持。

10.2.4　反舞弊监测预警系统

反舞弊监测预警系统通过对采购业务中的数据进行实时监测和分析，利用机器学习和数据挖掘技术，识别出可能存在的舞弊行为，如虚假交易、收受回扣、内外勾结等，并及时发出预警。

系统会对采购业务中的各类数据进行多维度分析，包括交易金额、交易时间、交易对象、交易方式等。通过建立舞弊行为识别模型，系统可以学习和识别舞弊行为的模式和特征。

例如，当发现某采购人员频繁与特定供应商进行大额交易，且交易价格明显高于市场水平，同时该供应商的资质存在问题时，系统会自动发出舞弊预警，并将相关信息推送给企业的审计和监察部门。审计和监察部门可以根据预警信息进行深入调查，及时发现并处理舞弊行为。

反舞弊监测预警系统的应用，不仅能够有效防范采购业务中的舞弊风险，保护企业的利益，还能起到威慑作用，减少舞弊行为的发生。同时，该系统还可以为企业完善内部控制制度提供数据支持，帮助企业从制度层面上预防舞弊行为的发生。